JN112812

譽田亜紀子

かわいい古代

光村推古書院

❶動物意匠付骨角器 P.8
北海道伊達市
有珠モシリ遺跡

❶銛 P.10
北海道伊達市
有珠モシリ遺跡

❷イカ形土製品 P.12
北海道茅部郡森町
鷲ノ木4遺跡

❸赤彩注口土器 P.14
北海道二海郡八雲町
野田生1遺跡

❹首飾り P.16
北海道恵庭市
カリンバ遺跡

❹飾り櫛 P.18
北海道恵庭市
カリンバ遺跡

❺黒曜石偶 P.50
北海道江別市
高砂遺跡

❻土偶 P.58
北海道木古内町
札苅遺跡

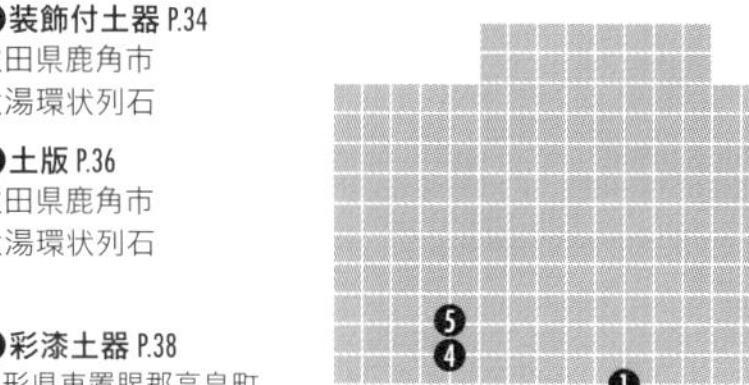

装飾付土器 P.34
田県鹿角市
湯環状列石

土版 P.36
田県鹿角市
湯環状列石

彩漆土器 P.38
形県東置賜郡高畠町
出遺跡

指輪形石製品 P.44
潟県糸魚川市
者ケ原遺跡

❿火焔型土器 P.48
潟県十日町市
山遺跡

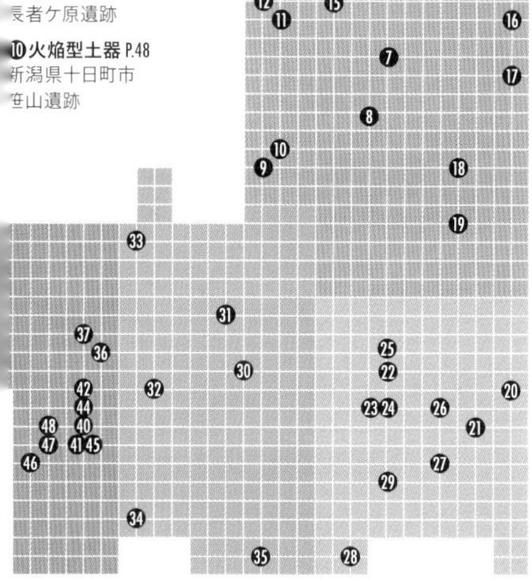

⓫クマ形土製品 P.20
青森県弘前市
尾上山遺跡

⓬彩文漆塗り浅鉢形土器 P.22
青森県つがる市
亀ヶ岡遺跡

⓭土版 P.24
青森県上北郡六ヶ所村
大石平遺跡

⓮壺形土器 P.26
青森県三戸郡南部町
青鹿長根遺跡

⓯イノシシ形土製品 P.32
青森県弘前市
十腰内2遺跡

⓰入れ子式土器 P.42
青森県八戸市
新井田古館遺跡

⓱骨角製品（カエル） P.28
岩手県一関市
貝鳥貝塚

⓱骨角製品（オオカミ） P.30
岩手県一関市
貝鳥貝塚

⓲人体文土器 P.40
福島県福島市
和台遺跡

⓳装飾古墳 P.112
福島県西白河郡泉崎村
泉崎横穴

㉒犬猿円筒埴輪 P.128
群馬県前橋市
後二子古墳

㉓盾持ち人埴輪 P.146
群馬県高崎市
八幡塚古墳

㉔銅水瓶 P.150
群馬県高崎市
綿貫観音山古墳

㉕鶏形埴輪 P.152
群馬県渋川市
浅田3号墳

⓴乳飲み児を抱く埴輪 P.124
茨城県ひたちなか市
大平古墳群

㉑ムササビ形埴輪 P.104
千葉県成田市
南羽鳥正福寺1号墳

㉑魚形埴輪 P.106
千葉県成田市
南羽鳥正福寺1号墳

㉞赤黒斑文付パレス壺 P.86
愛知県清須市
朝日遺跡

㉟帆立貝形石製品 P.134
静岡県静岡市
三池平古墳

㉘人面付壺形土器 P.66
神奈川県横浜市
上台遺跡

㉙弥生土器第1号 P.64
東京都文京区
弥生二丁目遺跡

㉖人面付土器 P.92
栃木県栃木市
大塚古墳群

㉗土偶 P.60
埼玉県久喜市
小林八束遺跡

日本中にある かわいい古代 掲載MAP

㉚骨角器 P.52
長野県北相木村
栃原岩陰遺跡

㉛挙手人面土器 P.110
長野県長野市
片山遺跡

㉜絵画土器 P.122
岐阜県大垣市
東町田墳墓群

㉝魚形木製品 P.78
石川県小松市
八日市地方遺跡

㉝動物形土製品 P.100
石川県小松市
八日市地方遺跡

㊱木偶 P.96
滋賀県近江八幡市
大中の湖南遺跡

㊲ミニチュア
炊飯具形土器 P.140
滋賀県大津市
穴太飼込3号墳

㊳ガラス釧 P.84
京都府与謝郡与謝野長
大風呂南1号墓

㊴装飾付須恵器 P.108
兵庫県小野市
勝手野6号墳

㊾指輪状鹿角製品 P.54
岡山県岡山市
百間川沢田遺跡

㊾鹿角製鳥形短剣 P.56
岡山県岡山市
百間川沢田遺跡

㊾彩文土器 P.98
岡山県岡山市
百間川原尾島遺跡

㊿線刻土器 P.88
岡山県岡山市
足守川加茂A遺跡

51人形土製品 P.90
岡山県岡山市
伊福定国前遺跡

52琴側板 P.68
鳥取県鳥取市
青谷上寺地遺跡

52人面軽石 P.70
鳥取県鳥取市
青谷上寺地遺跡

53鹿埴輪 P.136
鳥取県倉吉市
向山142号墳

54装飾子持壺付
装飾器台 P.138
鳥取県倉吉市
野口1号墳

55見返りの鹿埴輪 P.126
島根県松江市
平所遺跡埴輪窯跡

59金銅製
亀形飾金具 P.148
長崎県壱岐市
笹塚古墳

56盾持ち埴輪 P.116
福岡県福岡市
拝塚古墳

57耳飾り P.46
鹿児島県霧島市
上野原遺跡

58貝符 P.82
鹿児島県熊毛郡
南種子町
広田遺跡

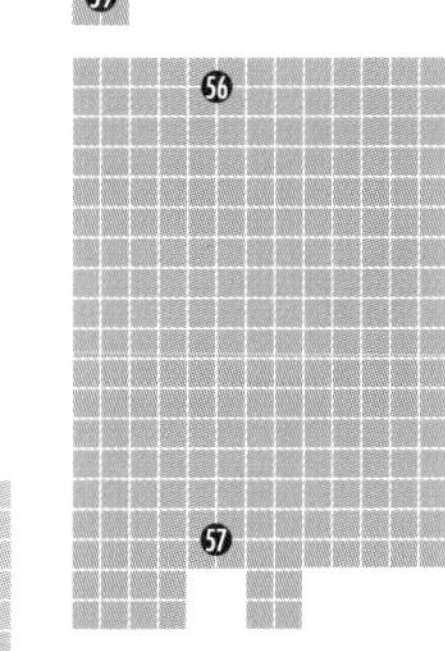

㊼壺 P.76
大阪府藤井寺市・
柏原市
船橋遺跡

㊼記号文土器 P.80
大阪府藤井寺市・
柏原市
船橋遺跡

㊽分銅形土製品 P.94
大阪府八尾市
亀井遺跡

㊻鳥形木製品 P.72
大阪府和泉市・
泉大津市
池上曽根遺跡

㊻線刻絵画付長頸壺
P.74
大阪府和泉市・
泉大津市
池上曽根遺跡

㊸亀甲型陶棺 P.132
奈良県奈良市
赤田横穴墓群9号墓

㊹絵画土器（破片）P.142
奈良県天理市
清水風遺跡

㊺水差形土器 P.144
奈良県橿原市
新沢一遺跡

㊶金製
垂飾付耳飾 P.120
奈良県橿原市
新沢千塚古墳群
109号墳

㊷円筒形陶棺 P.130
奈良県奈良市
赤田横穴墓群9号墓

㊵埴輪 P.114
奈良県磯城郡三宅町
石見遺跡

㊵埴輪 P.118
奈良県磯城郡三宅町
石見遺跡

—縄文 JOMON—弥生 YAYOI—古墳 KOFUN—

今からおよそ1万6千年前から始まり、1万3千年間以上続いたとされる縄文時代。
その長い間にヨーロッパでは小麦をはじめとする農耕が始まり、各地で争いが勃発。エジプトではピラミッドも築かれ、それぞれの社会がダイナミックに変化していた頃でした。一方、日本列島では、狩猟採集漁労という、生きることに関わるすべてのものを自然界に依存する暮らしを続けてきたのです。その営みは世界でも類を見ないものでした。
この、ある意味持続可能というべき暮らしを支えたのが、豊かな自然環境です。豊かな森は人間や動物だけでなく、海や川といった周囲の環境にも影響を与え、食糧を安定的に供給したのです。
自然環境にすべてを委ねる縄文人たちは、自然を畏怖し、敬い、そして感謝と祈りを捧げました。その想いは土器や土偶、石器、装飾品など様々なものに転嫁され、ユニークで、見る人の心を揺さぶる品々が作られます。
現代人のわたしたちからすると理解不能な造形も、彼らにとっては必要な造形だったということです。
この章ではそうして作り出された縄文人の想いの結晶を見ていくことにしましょう。

そいな

シカ角彫りのクマ

シカの角にクマの全身を彫ったスプーンだという。本州が弥生時代の頃、北海道では縄文時代と変わらない生活を送っていた続縄文時代に作られた物である。今にも動き出さんとするこのクマスプーンは、子どもが眠る墓から見つかった。儀式用と考えられるが、墓の中で子どもが寂しくないように一緒に埋められたのかもしれない。

一緒に眠れば寂しく

動物意匠付骨角器
北海道伊達市
有珠モシリ遺跡
文化庁蔵
写真提供 伊達市教育委員会
23.5センチ

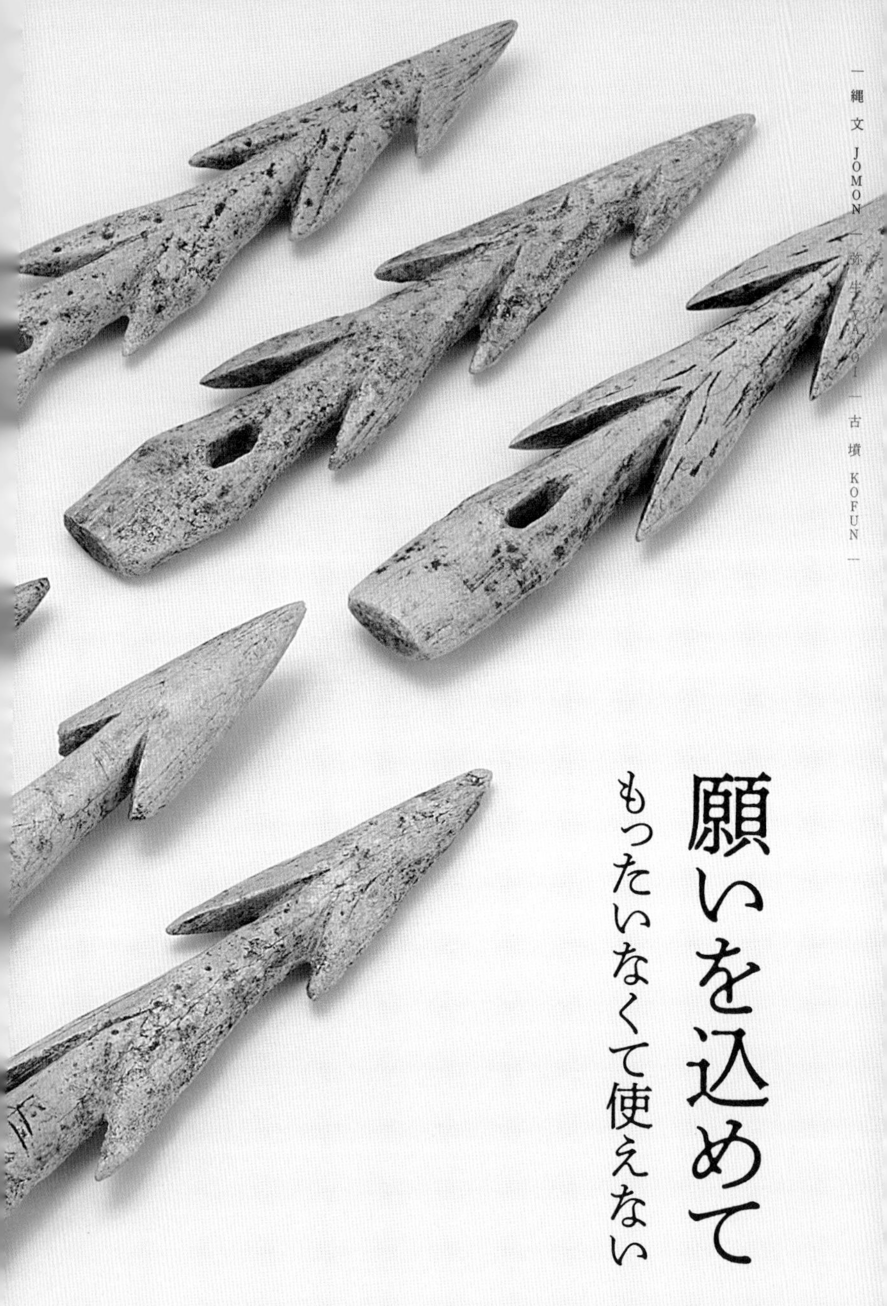

願いを込めて

もったいなくて使えない

シカの角で作られた銛に、こんなに美しい模様を施すなんて、当時の人々の手先の器用さに改めて感心する逸品である。トドやシャチなどの海獣を仕留めるために使われたが、例えばこの模様、仕留めた海獣が苦しまないでも済むようにする呪文だったとしたらどうだろう。同じ命をいただくのだとしても、仕留めた側も救われるかもしれない。

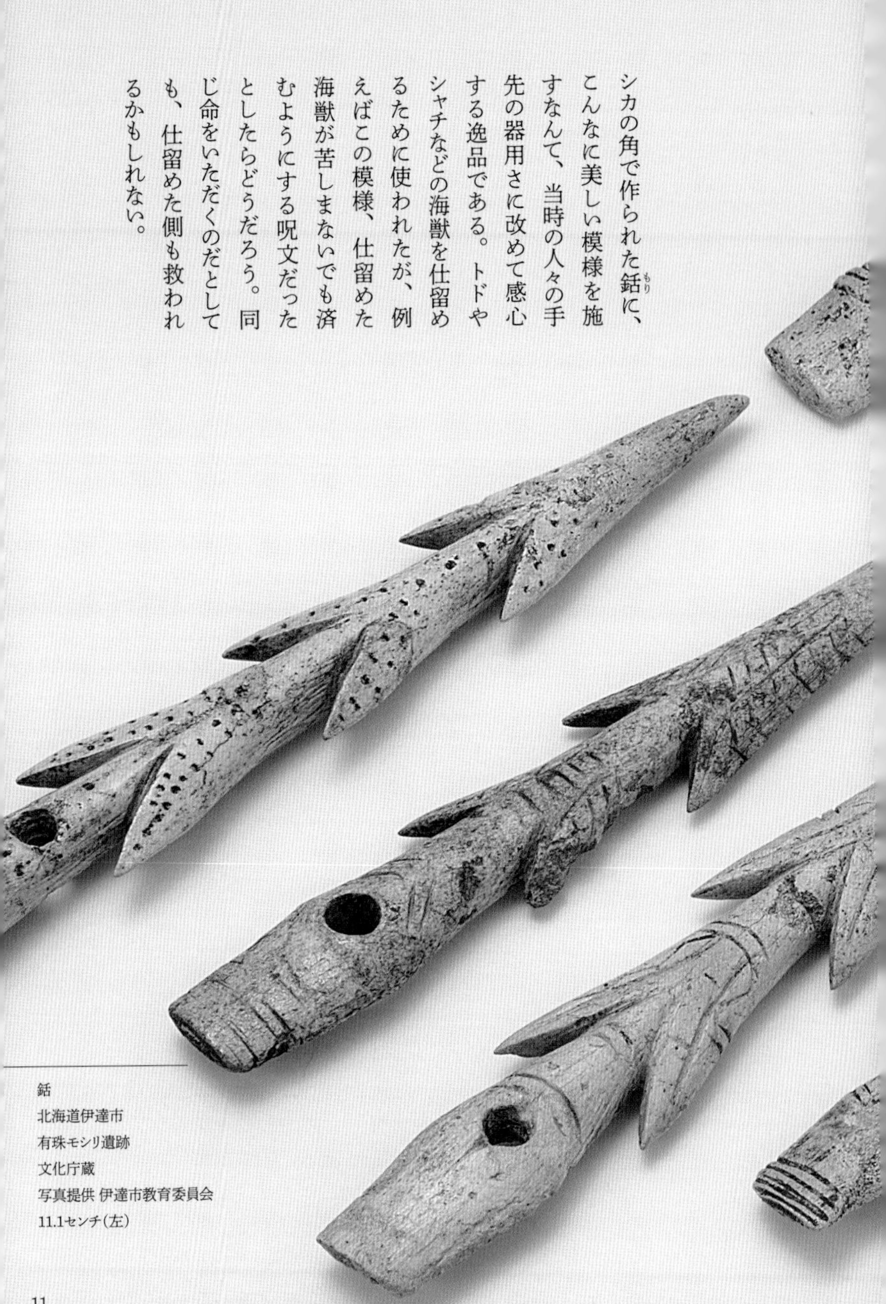

銛
北海道伊達市
有珠モシリ遺跡
文化庁蔵
写真提供 伊達市教育委員会
11.1センチ（左）

だよね？

駅弁ではありません

少し甘めの味付けで、むっちりとした食感の「いかめし」が好きだ。ご存知の方も多いのではないか。その駅弁が作られている北海道森町で見つかった、おいしそうなイカをかたどった土製品である。冗談のような話であるが、今のところ森町でしか見つかっていない。祭祀（さいし）の道具だと考えられる特殊な土製品が、当時と今を緩やかにつないでいる。

イカ形土製品
北海道茅部郡森町
鷲ノ木4遺跡
森町教育委員会蔵
高さ11.5センチ

一服してお行きなさいな

我が目を疑った。今から三千年ほど前に作られた土器だという。なんだ、この生々しい美しさは。水銀朱（硫化第二水銀）によって赤く彩られ、今でも十分通用する輝きを全身にたたえている。てっぺんの突起部分と、上部の後ろ側に作られた口は、出土した時に離れた場所で見つかったが、無事にくっついた。バランスの素晴らしさに、ただただ感服する。

モダンな茶釜

赤彩注口土器
北海道二海郡八雲町
野田生1遺跡
八雲町郷土資料館蔵
高さ31.4センチ

どんな人が

今から三千年ほど前のお墓から、副葬品として見つかった。発見された人の歯の数から、五人が一緒に埋葬されていたと考えられる。これは、そのうちの一人が身につけていたもの。光沢のある蛇紋岩系岩石(じゃもんがんけいがんせき)とコハクの玉で作られおり、眺めていると、当時のお洒落な人々の姿が立ち上がってくるようだ。どんな人と共に眠っていたのだろうか。

首飾り
北海道恵庭市
カリンバ遺跡
恵庭市郷土資料館蔵

豪華なお墓

乙女の櫛？

それとも……？

これは四人が一緒に埋葬されたとされる墓から見つかった。出土した物から判断すると、縄文時代の櫛は、結った髪に髪飾りのようにして挿して使うことが多かったようだ。朱やオレンジ色に塗られた櫛は、真っ黒な髪にさぞかし映えたことだろう。そのせいか、透かし彫りを施すなど非常に手が込んでいる。現代の舞妓さんが挿していても遜色なし。

飾り櫛
北海道恵庭市
カリンバ遺跡
恵庭市郷土資料館蔵
高さ5.6センチ

あやかりたい

若干ブタ鼻気味ではあるが、れっきとしたツキノワグマの土製品である。カッと大きく口を開け、威嚇（いかく）をしているようだ。縄文人は森の王者であるクマの強さに畏敬の念を抱き、土製品を作ったと言われる。その力が我に宿るようにと思ったのかもしれない。それなのに、漂う雰囲気はどこまでも優しい。作り手を反映しているのだろうか。

三日月模様もあります

クマ形土製品
青森県弘前市
尾上山遺跡
青森県立郷土館蔵(風韻堂コレクション)
長さ14.0センチ

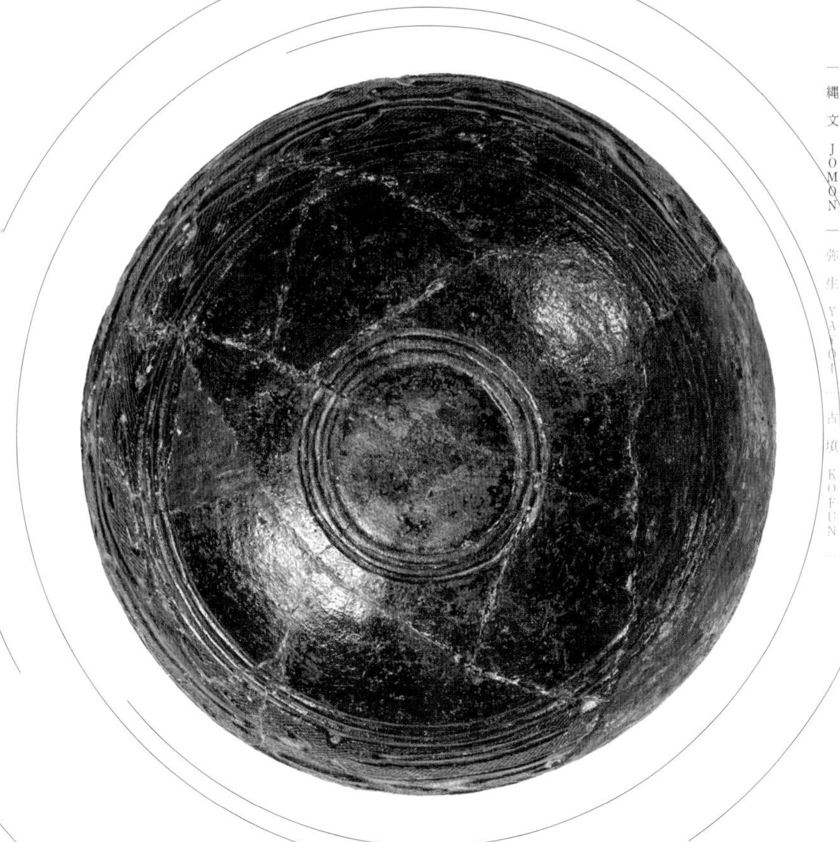

無限に広がる宇宙のようで

この土器を見るたびに思う。本当に縄文時代に作られたのかと。ときに、青森県で出土する物の中には赤漆と黒漆で彩色された土器や装身具があるが、これもその代表例のひとつと言える。力強く躍動する赤漆と黒漆が大胆に配され、儀礼に使われたと考えられている。鉢の中に頭上に広がる宇宙を取り込み、彼らは何を祈ったのだろう。

大胆な配色

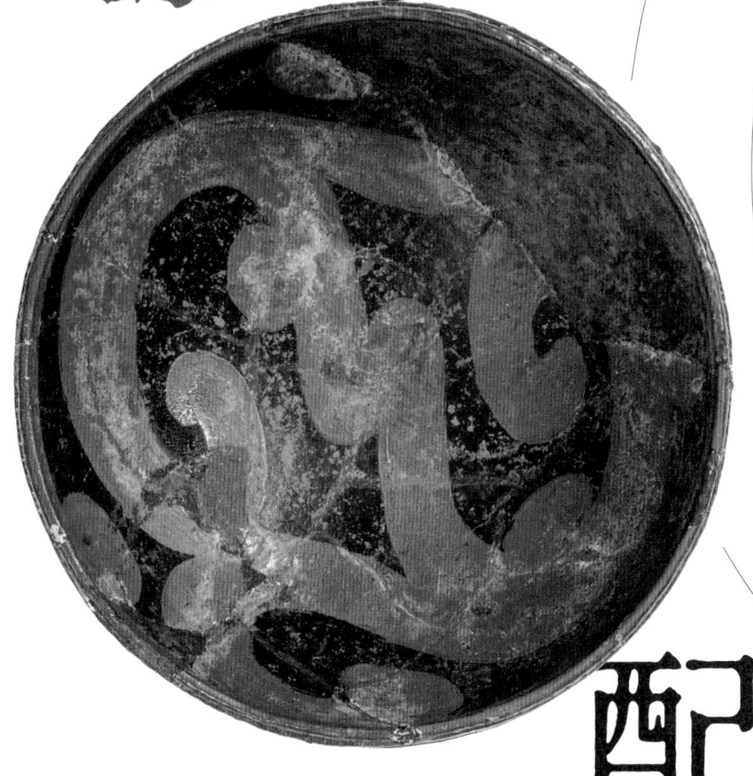

彩文漆塗り 浅鉢形土器
青森県つがる市
亀ヶ岡遺跡
青森県立郷土館蔵(風韻堂コレクション)
直径20センチ

小さな手足

すこやかに育ってね

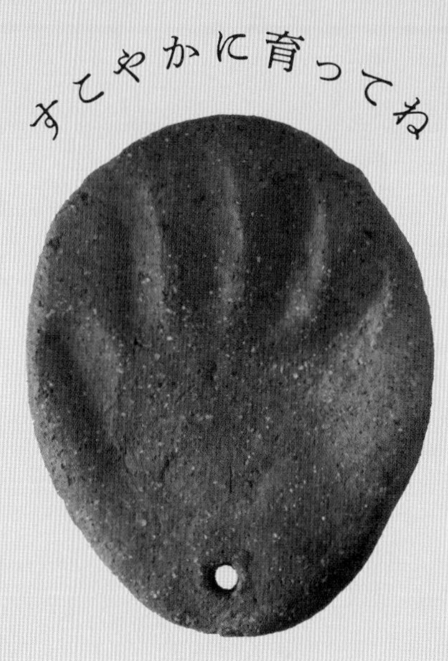

子どもの手形や足形の土版（どばん）（縄文時代後・晩期の板状土製品）である。穴が開いているので、ひもで家屋にぶら下げていたか、誰かの胸元で揺れていたのかもしれない。今でも手足の形を取る風習が残る地域があるが、当時も、無事にここまで成長した通過儀礼だったと考えられる。いつの時代も、子を思う親の気持ちは変わらないのだと教えてくれる。

土版（重要文化財）
青森県上北郡六ヶ所村
大石平遺跡
青森県立郷土館蔵
長さ10センチ（24ページ右）

飾りたい

ただただ美しい壺

縄文時代でも最後の時期、晩期といわれる頃に作られた壺である。もう、ため息をつくしかない。上から見ると真円と思わせるフォルムで、そこに工字文といわれる幾何学模様が施されている。肌は丁寧(ていねい)に磨き上げられ、あでやかに光を放つ。床の間に飾ればさぞかし映えることだろう。壺を前に、ちびりちびりといただくのは、やっぱり青森の地酒がいい。

壺形土器
青森県三戸郡南部町
青鹿長根遺跡
青森県立郷土館蔵
(風韻堂コレクション)
高さ21センチ

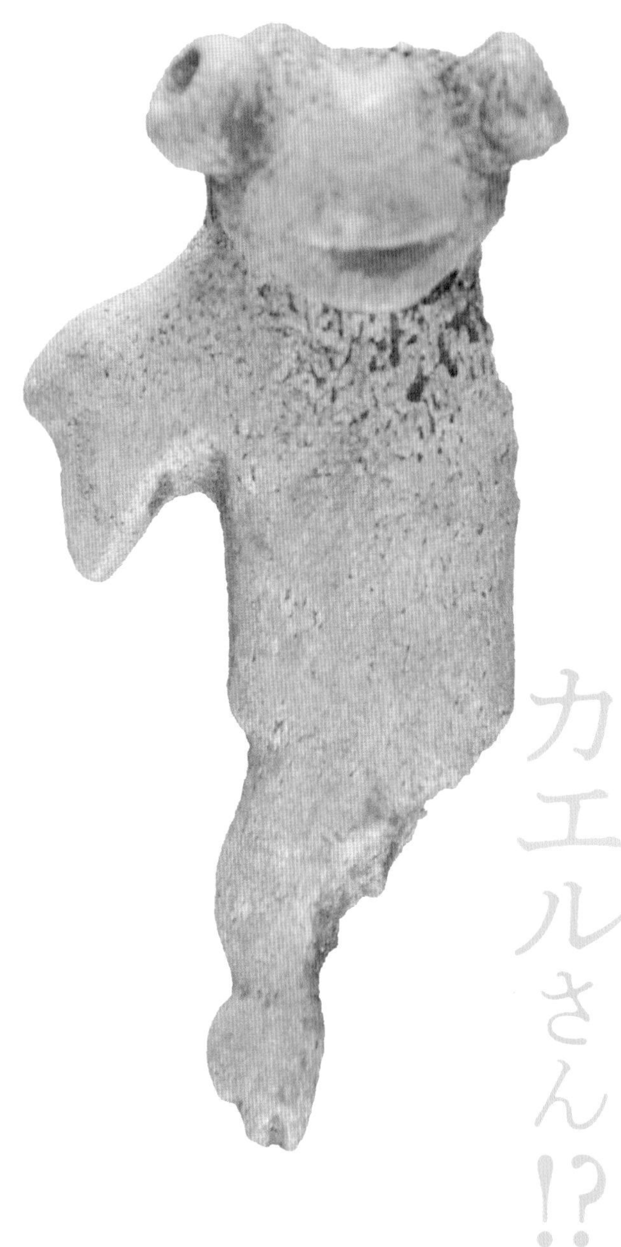

カエルさん!?

ウケ狙いではありません

シカの角で作られたカエルである。首の後ろに穴が空けられていることから、そこに紐（ひも）を通し、ペンダントトップのように縄文人が首からぶら下げていたとされる。カエルがゆらゆらと首元で揺れていたと想像するだけで笑みがこぼれる。しかし、なんでカエルだったのだろう？　その上、少し笑っているように見えるのは私だけだろうか？

骨角製品（カエル）
岩手県一関市
貝鳥貝塚
一関市博物館蔵
4.3センチ

オオカミの杖

明治の頃、奈良県東吉野村で目撃されたという話を最後に、日本列島から姿を消したといわれるニホンオオカミ。このオオカミがニホンオオカミだったかは定かではないが、シカの角にオオカミを彫った杖である。装飾用の杖とされ、当時の呪術者（シャーマン）がオオカミの力を己に取り込みたいと、身につけていたともいわれている。

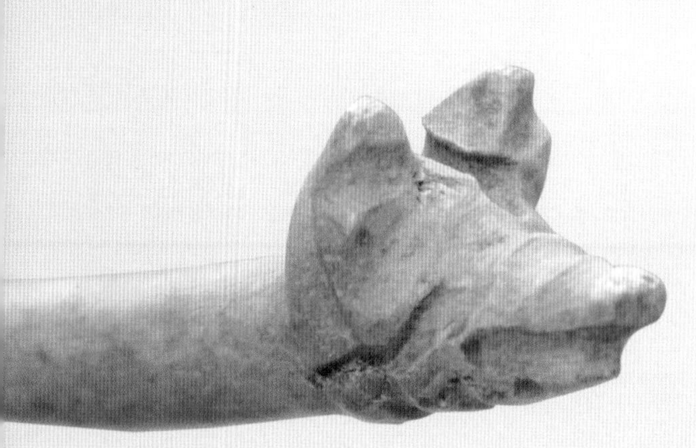

強くなれそうな気がするよ

骨角製品(オオカミ)
岩手県一関市
貝鳥貝塚
一関市博物館蔵
長さ43.5センチ

準備万端

生命力の強さや多産など、イノシシが持つ力にあやかりたいと、縄文人が好んで作った土製品である。確かに、今にも激しい鼻息が吹き出しそうだし、後ろ足にいたっては、狩人から猛ダッシュで逃げる準備をしているみたいだ。イノシシは縄文人にとって大切な食料ではあるが、一方で、畏敬(いけい)の念を持たれていたことが想像できる逸品である。

命がけで逃げますよ

イノシシ形土製品
青森県弘前市
十腰内2遺跡
弘前市立博物館
高さ9.7センチ

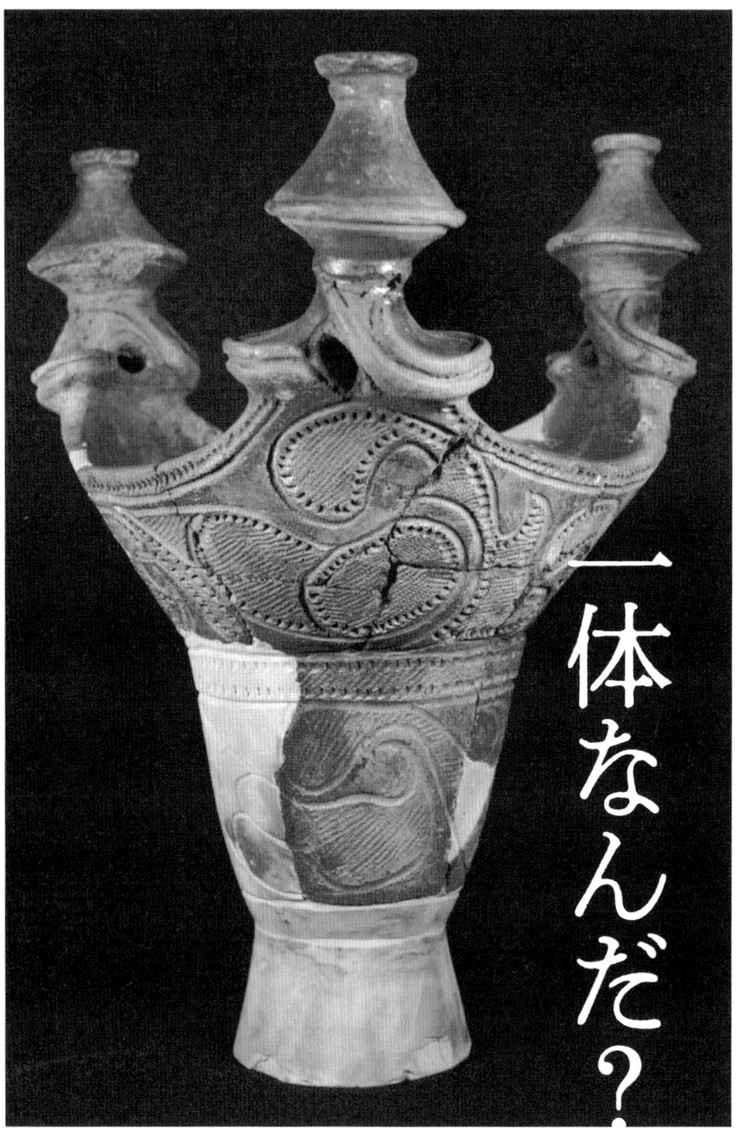
一体なんだ？

根本のひねりも摩訶（まか）不思議

日本にもストーンサークルがある。幾重にもなったサークルもあれば、大湯環状列石のように、二つ並んで存在している場所もある。そこから発見されたこの土器には、不思議な突起がついていた。それも3つ。この突起は土器の機能を考えると、まったく必要がない。しかし、機能以上に縄文人の世界観にとっては意味のある突起だったのだろう。

装飾付土器
秋田県鹿角市 大湯環状列石
大湯ストーンサークル館蔵
写真提供
鹿角市教育委員会
高さ33.3センチ

こう見えて

数の神様かもしれない

この土版（板状の土製品）が見つかったことで、縄文人たちは数を認識していたのではないかと言われている。よく見てほしい。口が一、目が二、身体の左右に三と四があって、正中線に見える線は五つの点で描かれている。この愛らしい土版の中に、一から五までの数が表現されているなんて。極めつけは、後ろ姿。六つの点が施されていたなんて！

土版
秋田県鹿角市 大湯環状列石
大湯ストーンサークル館蔵
写真提供 鹿角市教育委員会
高さ6センチ

四角い壺

土器は円いと誰が決めた?

漆が塗られた四角い土器は大変珍しい。なので、初の試みであるが、上から撮影した画像をお見せしたい。四角いのは上部だけで、下部は少し円みを帯びた瓢箪(ひょうたん)のような作りになっている。どんな目的があってその形にしたのか皆目(かいもく)見当はつかないが、赤漆を下地にして黒漆で幾何学模様を描いた、誠に不思議かつ挑戦的な土器なのである。

彩漆土器
山形県東置賜郡高畠町
押出遺跡
高畠町教育委員会蔵
写真提供 山形県立うきたむ風土記の丘考古資料館
高さ15.4センチ

土器の中には人の姿を模様として施した物があり、それを人体文土器という。これもそのうちのひとつで、太めのラインで作る土器文様をベースに、人の模様をデザインしている。これ、私には宇宙人にしか見えない。あ、見つかっちまったか、という、少し情けない表情も愛らしい。祭祀用の土器とされるが、何を祈ったのだろうか。

宇宙人付土器ってことで

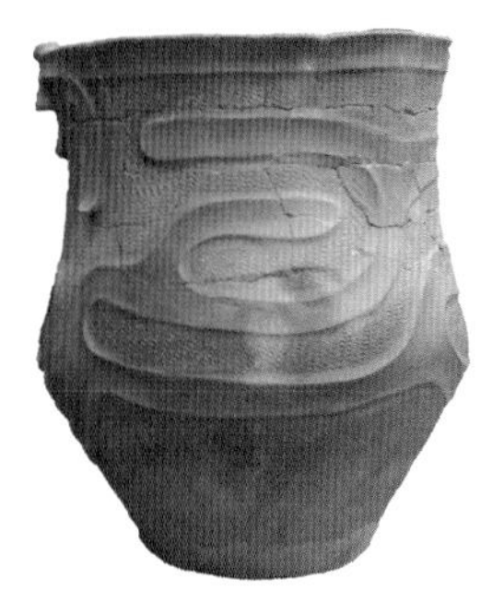

人体文土器
福島県福島市
和台遺跡
福島市文化振興課蔵
高さ32センチ

銀河の彼方へ

素敵なマトリョーシカ土器

場所要らず

本当に不思議な土器もあるものだ。発見された時、大中小の土器が綺麗に入れ子状に重なって横たわっていたという。そしてそこに向かいあう土器がひとつ。これらの土器の上に口を合わせて乗せられた土器だと考えられている。ワンルームの竪穴(たてあな)住居ではきっと役に立ったことだろう。機能面もさることながら、積み重なった時の美しさは格別である。

入れ子式土器
青森県八戸市
新井田古館遺跡
八戸市埋蔵文化財センター
是川縄文館蔵
高さ26センチ

センス抜群

やわらかく加工がしやすい蛇紋岩で作られた石の指輪である。扇形に広がった上部には、中央に空けられた穴の他に、二本の溝が彫られている。指輪の形をしているが、紐を通して首から下げてペンダントトップとして首から下げていた可能性もある。道具もままならない時代に、こんなに美しい指輪を作っていたなんて。お店で見つけたら即買いしたいほど素敵な逸品。

いつか私もはめてみたい

指輪形石製品
新潟県糸魚川市
長者ケ原遺跡
糸魚川市教育委員会蔵
長さ3.2センチ

考えただけで

耳たぶに穴を開けて嵌め込むタイプの耳飾りである。書きながら、私の耳たぶが痛くなった。上野原遺跡は九千五百年前の遺跡として知られ、その地に暮らした人が七千五百年前にこの耳飾りを作った。ところで、なんでこんなに大きな耳飾りにしたのだろうか。例えば集落のオサが、威厳を示すために身につけたのか。オサもなかなか大変である。

耳飾り（重要文化財）
鹿児島県霧島市
上野原遺跡
鹿児島県歴史・美術センター黎明館蔵
直径12センチ

燃え上がれ

お湯沸かすのも一苦労だね

縄文土器で唯一の国宝である。縄文土器と言いながら、縄目文様は施されていないというのが、まことにユニーク。今から約五千三百年前の信濃川中流域という限られた地域で、五百年間だけ作られた。縄文土器と言えばこの土器が頭に浮かぶほど、インパクトは絶大である。土器の内側に焦げの痕があることから、実際に使っていたこともわかっている。

火焔型土器(国宝)
新潟県十日町市
笹山遺跡
十日町市博物館蔵
高さ46.5センチ

クマ？かも

立ち上がった姿に見えます

黒曜石で作られた偶像である。見る人によって「人間だ」という人もいれば、「クマだ」という人もいるらしい。断然私はクマを推したい。クマ牧場に居るクマが「餌くれ」と言って立ち上がる姿にソックリではないか。それはさておき、貴重な黒曜石でクマを作ったのだとしたら、その力にあやかりたいとの気持ちがこもっているのかも。

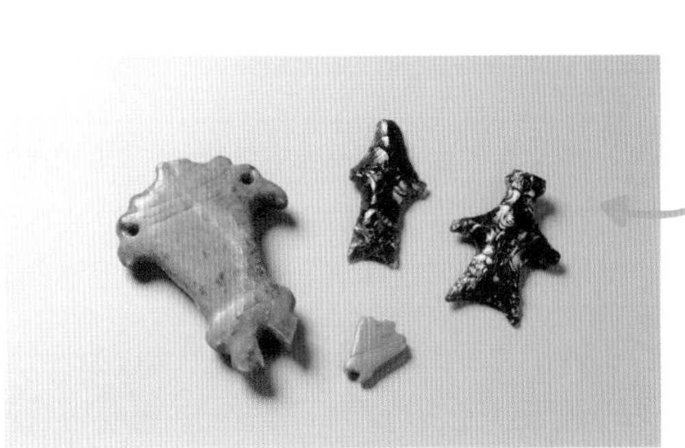

写真 / 佐藤雅彦

黒曜石偶
北海道江別市
高砂遺跡
江別市郷土資料館蔵
高さ4.9センチ
続縄文

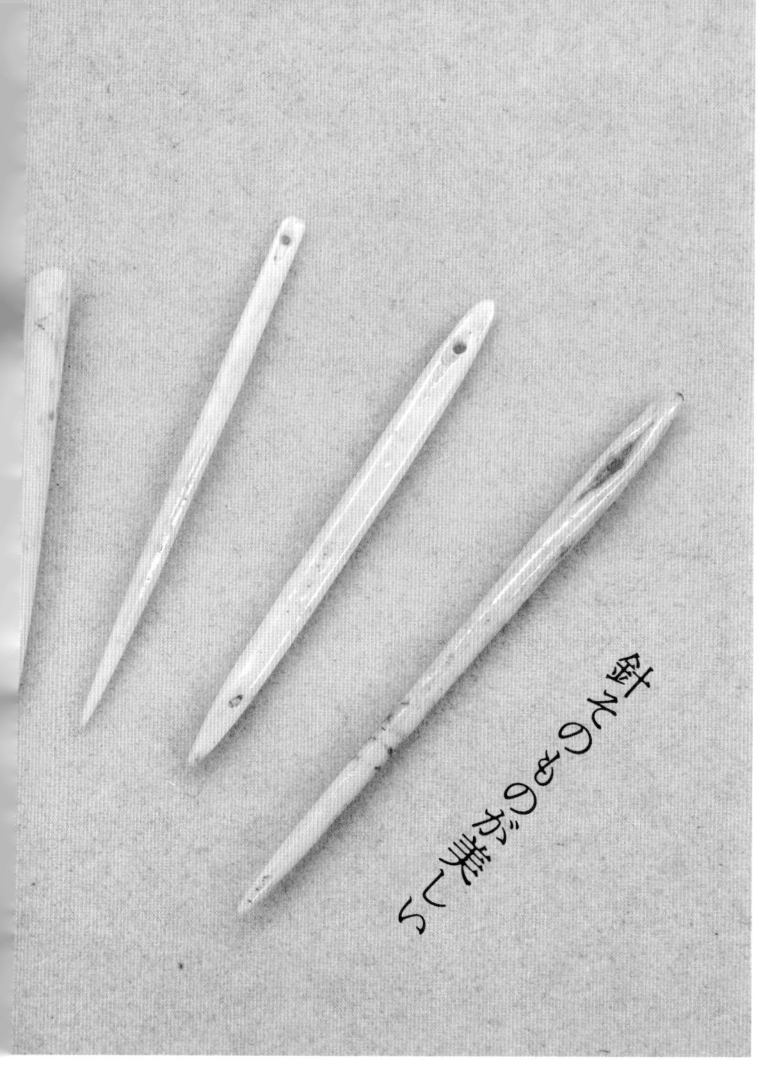

裁縫チクチク

骨角器
長野県北相木村
栃原岩陰遺跡
北相木村教育委員会蔵
長さ5.3センチ他

男性用かな

シカの角で作られた指輪状の品である。縄文時代晩期の、川底にできた貝塚の中から見つかった。輪の内径は十六・五ミリから十六・七ミリで、指輪の号数でいうと11号サイズにあたるという。縄文時代には石でできた指輪状の品もあるが、シカの角とは考えた。いまでこそこの色合いだが、作られた当時は乳白色でさぞや美しかったことだろう。

特別な人の

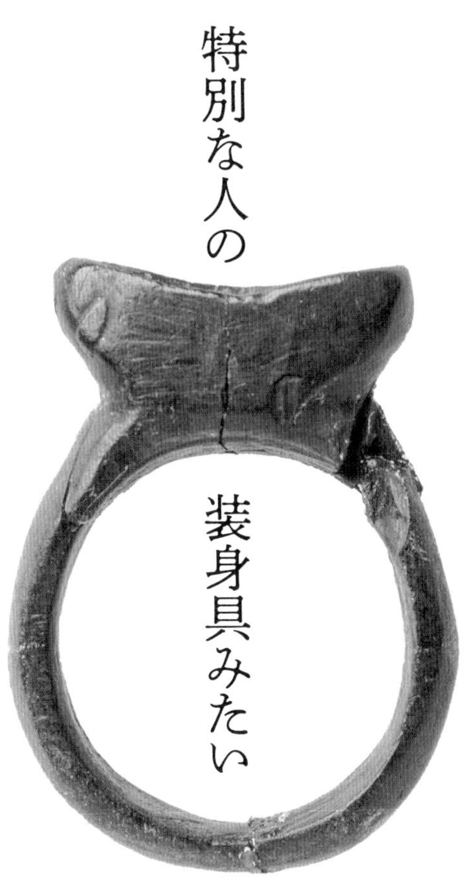

装身具みたい

指輪状鹿角製品
岡山県岡山市
百間川沢田遺跡
写真提供 岡山県古代吉備文化財センター
長さ2.8センチ

短剣ですが切れません

川底に作られた貝塚の中から見つかった、シカの角で出来た短剣である。剣の身にあたる部分はかなり磨かれ、とがっている。とはいえ、刃が作られていないことから、腰飾りだったようだ。角が枝分かれした部分をうまく利用し、鳥のくちばしに見立てるなんて、彼らの工夫はすごい。威信財だと思うが、羨望(せんぼう)の眼差しが注がれただろうな。

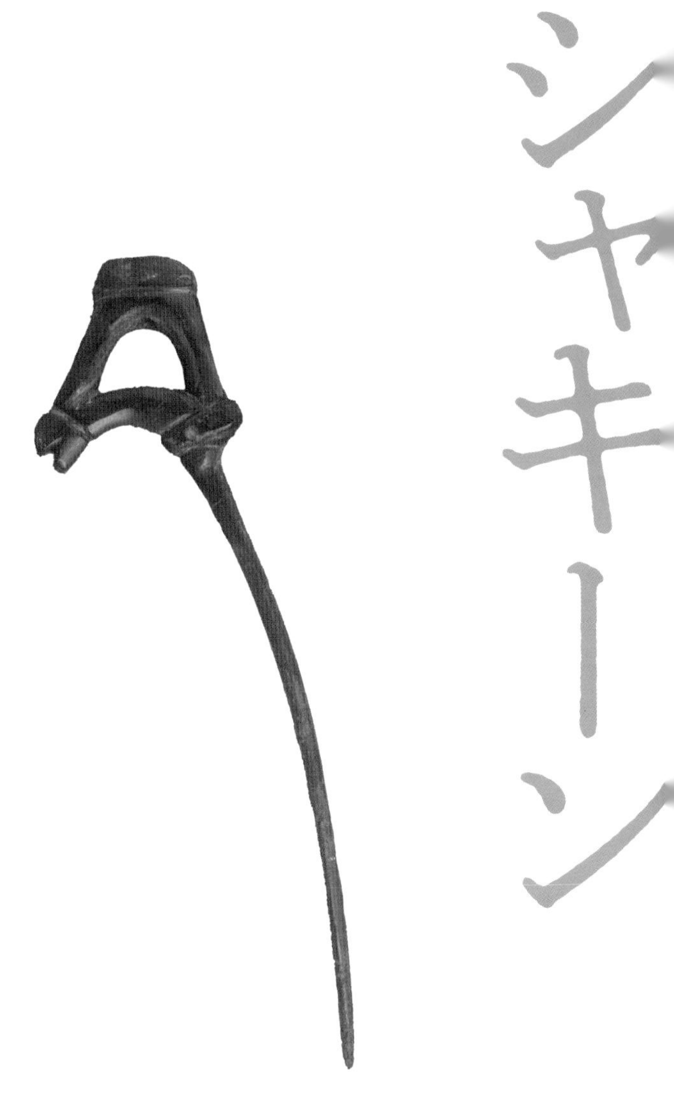

鹿角製鳥形短剣
岡山県岡山市
百間川沢田遺跡
写真提供 岡山県古代吉備文化財センター
長さ17センチ

ヘルメットヘアがお気に入り

標高7メートルから11メートルの低い海岸段丘の上に広がった札苅(さつかり)遺跡は、住居、お墓、祭祀の場など集落の機能をすべて備えた遺跡だという。中でも土偶は29点見つかっていて、これはそのうちの1つ。鼻の穴もしっかりと作られ薄っすら笑っているようにも見える。赤く塗られていた痕(あと)が生々しいが、「ああ、かわいい」と思わず言葉が口をついて出た。

土偶
北海道木古内町
札苅遺跡
木古内町教育委員会蔵
高さ6.1センチ

うっとりしちゃう

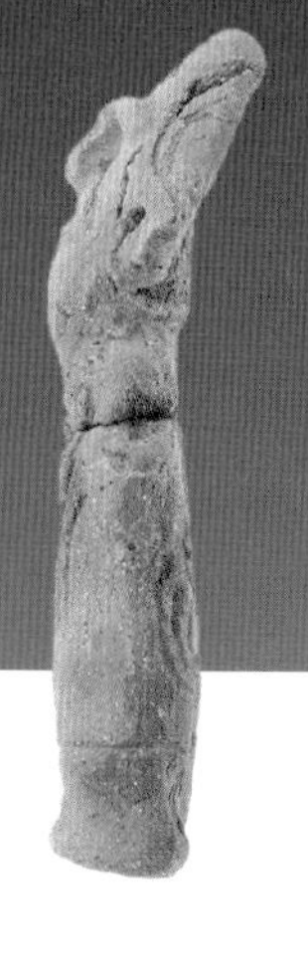

星を見ているんです

なかなかの衝撃である。この面構えはどうだ。土偶は時に、思慮深い顔をしている時があるが、この子もその類だ。と、現代人が勝手に思っているだけで、当の本人はそんなことはまったく考えていない気がする。耳飾りの穴があり、立体的な眉と鼻がべっぴん具合を引き立てる。顔は上を向き、何かと交信してるのかと思わせる。背中のグルグルがチャーミング。

土偶
埼玉県久喜市
小林八束遺跡
埼玉県教育委員会蔵
高さ14.2センチ

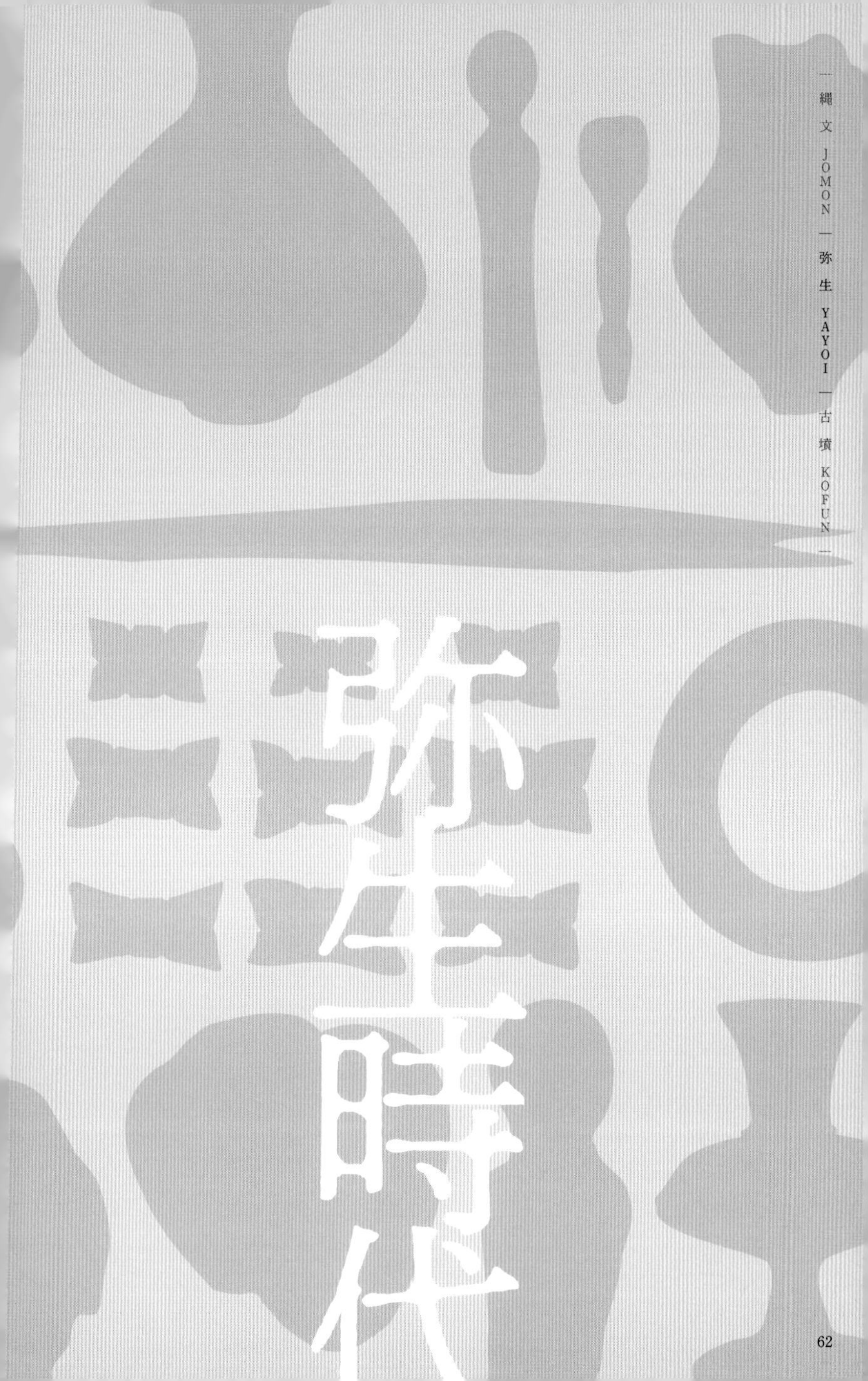

弥生時代

自然に依存した暮らしが西日本で行き詰まりをみせ始めた縄文時代の終盤、朝鮮半島から水田稲作の技術を携えた人々が、荒波を乗り越えて北部九州に上陸。大規模な水田稲作をしながら暮らし始めます。大陸から渡ってきた人々を渡来人と言い、紀元前10世紀前後から3世紀中頃までの約千年間続く弥生時代が始まりました。

自らの手で食料を生産する水田稲作の登場は、縄文社会の根幹を揺るがしたと同時に、人々は否応なく受け入れざるを得なかったのかもしれません。これで飢餓に怯えることなく生きていける、そう思ったとしても不思議ではありません。
渡来人は縄文人と共存し、次第に愛を育み、子どもを作り、新たな列島人として命を繋いでいきました。それが私たち日本人の基礎になっています。
北部九州から稲作技術を携え、数百年かけて東日本に人々が移動していく中で、渡来の文化と縄文文化が融合し、新たに弥生文化が誕生したのです。

文化の担い手である弥生人たちは、アグレッシブで新しもの好き。命の危険を顧みず、海を渡って、金属器を中心に大陸の品々や技術を求めました。端正な形と丹色が美しい土器やユーモラスな造形の木製品や土製品は、争いだけではない弥生時代の特徴を表していると言えるでしょう。

弥生時代へ

忘れられないの、あの模様が

明治一七（一八八四）年に発見された、弥生時代という年代区分の基になった土器である。コロンとしたフォルムや優しげな雰囲気に、縄文時代にはないものを感じるのは私だけだろうか。しかし、よく見ていただきたい。口付近に、しっかりと縄目模様が入っているではないか！　時代指標の土器でありながら、縄文があるという複雑な土器である。

弥生土器第1号
東京都文京区
弥生二丁目遺跡
東京大学総合研究博物館蔵
高さ21.8センチ

鼻高の美男子

頭と首に貼り付けられた、丸いポッチの装飾が目をひく土器である。発見された当時は左耳と鼻が取れていたが、現在は修復され、鼻筋が通った美男子（美女の可能性もある）としてよみがえった。頭、首、胴の部分には縄文が施され、関東の弥生人の縄文好きがここにも現れている。そんなに好きなら弥生文化選択するなよ。そう言いたくなる壺形土器である。

ヘッドバンドがお気に入り

人面付壺形土器
神奈川県横浜市
上台遺跡
横浜市歴史博物館蔵
高さ31.7センチ

空想上の動物でしょうか?

全国で、およそ五百例ほど見つかっている箱形をした琴の、側面の板である。そこには鹿と謎の動物が描かれていた。くるんと丸まった角で思い浮かぶ身近な動物はヒツジだが、弥生時代の列島にヒツジは生息していなかったとされる。では、一体なんなのか。もしかして描き手ははるか異国の人で、そこに暮らすヒツジを懐かしんで描いたのだろうか……などと想像が膨（ふく）らんでしまう。

ヒツジが一匹

琴側板
鳥取県鳥取市
青谷上寺地遺跡
鳥取県蔵
写真提供 鳥取県とっとり弥生の王国推進課
長さ37.8センチ

ピンバッチ!?

きっと相手も笑ってくれる

類例もなく、用途もまったくわからないという。少しとぼけた顔があり、首のような部分があって、その先にピンバッチの留め具に似た部分が作られている。ボタンのようにも見えるし、装飾品のようにも見える。多くの木製品、鉄器、骨角器、中国製の鏡や貨幣が見つかった遺跡の中から、これがポロンと出てきた事に、なぜだか少しホッとする。

人面軽石
鳥取県鳥取市
青谷上寺地遺跡
鳥取県蔵
写真提供 鳥取県とっとり弥生の王国推進課
縦4.1センチ

ぱた ぱた ぱた

稲の神様、連れてきたよ

縄文時代に形つくられることがなかった身近な動物のひとつに、鳥がある。弥生時代になり、中国地方東部から東海地方にかけて作られるようになった。農耕と結びつき、穀物や先祖の霊を運んでくると考えられたとか。風に揺らめきながら、黄金に光り輝く美しい稲穂の上を颯爽と飛び渡る鳥の姿に、神聖を見出したのだろうか。かわいい顔して、役目は重要である。

鳥形木製品
大阪府和泉市・泉大津市
池上曽根遺跡
写真提供 大阪府立弥生文化博物館

やる気満々

印象的な壺の表面に、竜が描かれているというが、私には竜に見えない。水をつかさどる力があるとされた竜は、弥生時代後期に中国から伝わってきたようだ。水田稲作をする弥生人にとって、水は生命線。それをつかさどる竜の力にあやかろうとしたのだろうか。尻尾をくねらせ、今まさに、天に駆け上がろうとしている姿に、人々の思いを背負う自負を感じる。

しなやかな身体に漲る気力

線刻絵画付長頸壺
大阪府和泉市・泉大津市
池上曽根遺跡
写真提供 大阪府立弥生文化博物館
高さ28センチ

流行もん好き♥

櫛のような道具を使い、表面全体にすだれ状の模様を施した壺である。細い首の部分とふくよかな胴部のバランスが、本当に素晴らしい。その上、首の周りと口の部分には、円いボタン状の装飾が施され、お洒落なこと、この上ない。聞けばこの装飾、当時の大阪では大流行していたらしい。「あのボタン、かわいいやんかいさ」と言いながら真似したとか、しないとか。

大阪では
大流行
ですわ

壺
大阪府藤井寺市・柏原市
船橋遺跡
写真提供 大阪府立弥生文化博物館
高さ19.5センチ

水の神さま？

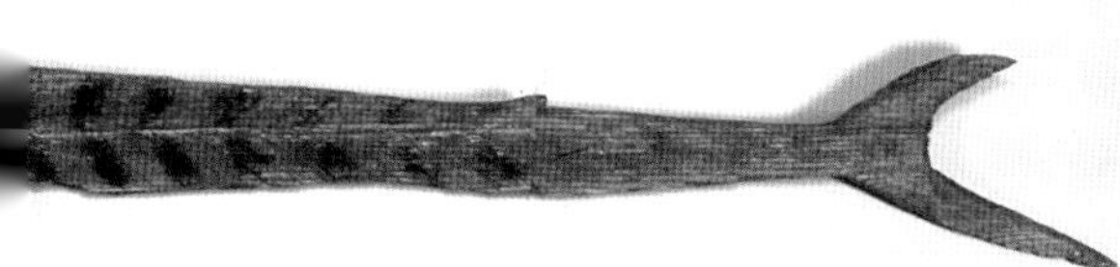

弥生時代には土器や銅鐸に魚が描かれることがあった。しかし「魚形」は今のところ、これ以外に見つかっていない。細長い全形と口先の形からカマスかと思ったが、「ダツ」という実在の魚であるという。魚は水を象徴しているとして「水神」と捉える場合もある。この赤黒ボーダー（縞（しま））で裏側も赤く塗られた、お洒落なダツもそうだったのか。

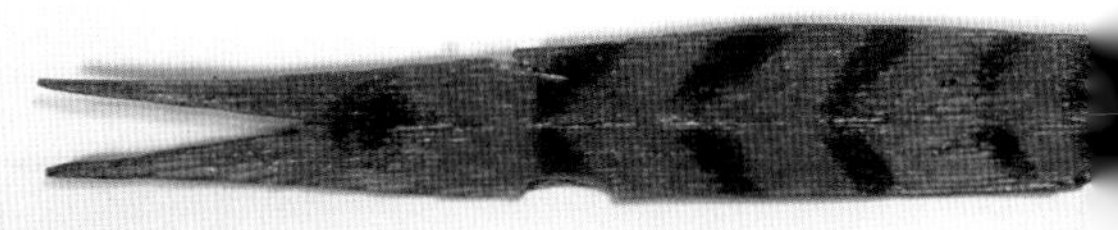

ボーダー具合がイケてます

魚形木製品
石川県小松市
八日市地方遺跡
小松市埋蔵文化財センター蔵
長さ92.1センチ

ニコッ！

もう少しで割れるところだった。よくぞ、顔の部分が残ってくれた！と、言いたくなるほどキュートな土器である。ニコちゃんマークに見えるが、この顔の部分は記号が描かれていると考えられ、このような土器を記号文土器という。さて、この記号の意味はなんだろう。真実はわからないが、この際、ニコちゃんマーク土器でいいんじゃない？

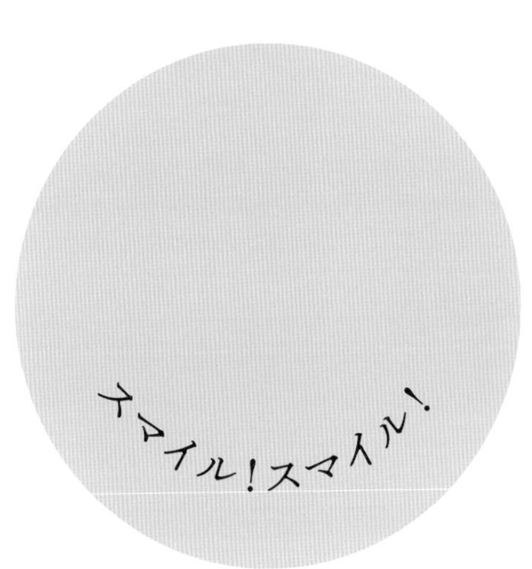

記号文土器
大阪府藤井寺市・柏原市
船橋遺跡
写真提供 大阪府立弥生文化博物館
高さ24センチ

海を見ながら

その遺跡は海辺にあった。海岸に面した砂丘の上に作られた、集団の墓地遺跡である。百五十八体の人骨とともに見つかった大量の貝製品は、四万四千点以上。中には被葬者の副葬品として貝製品がびっしりと入れられた墓も見つかっている。ご紹介する貝符（彫刻が施された貝の小板）の細工の美しさに言葉を失う。ペンダントトップとして使っていたのだろうか。

海風に乗って魂は天空へ

貝符
鹿児島県熊毛郡南種子町
広田遺跡
写真提供 鹿児島県歴史・美術資料センター黎明館

異国の輝き

青いキラメキは交易王の証

現在のところ国内で見つかったガラス釧（古代の腕輪）は八例で、そのうちのひとつである。大陸で作られて日本海を渡り、丹後半島の首長が所有した。そして、亡きがらと共に埋納された。現代の人が見ても透き通る美しさに心が躍るのだから、当時の人であればなおさらであろう。接合した痕がないことから、両面鋳型に伸ばしたガラスを入れて、鋳造したと考えられている。

ガラス釧（重要文化財）
京都府与謝郡与謝野町
大風呂南1号墓
与謝野町教育委員会蔵
外径9.7センチ

心踊る

もう、目が釘付けである。なにこのカワイイ壺！　彩色していない部分にも線で模様を細かく刻み、かなりの心くばりがある。また単純な赤と黒の水玉模様ではなく、玉の大きさ

水玉好きは弥生時代から

にもリズムを付けている徴りように、作り手の遊び心を感じる。復元した場合、高さが四十八センチ程度の大きさになるというから結構な大きさだ。うちにもひとつ欲しい。

赤黒斑文付パレス壺
愛知県清須市
朝日遺跡
写真提供 愛知県埋蔵文化財センター
高さ25センチ

にょろり

絵を描くことが苦手な私は、この作り手に大いに親近感が湧いた。あなた頑張ったね、でも、キモカワ系のユニークな絵になっちゃったね。これは鋭利なヘラ状の工具を使った線刻画。ハート形の人面に、蛇か竜のような胴部がついている。蛇もしくは竜に見えることから、稲作に欠かせない水にかかわる絵だと推測できるが、なんせゆるすぎるよ。

突っ込みどころ満載です！

線刻土器
岡山県岡山市
足守川加茂A遺跡
写真提供 岡山県古代吉備文化財センター
高さ7センチ

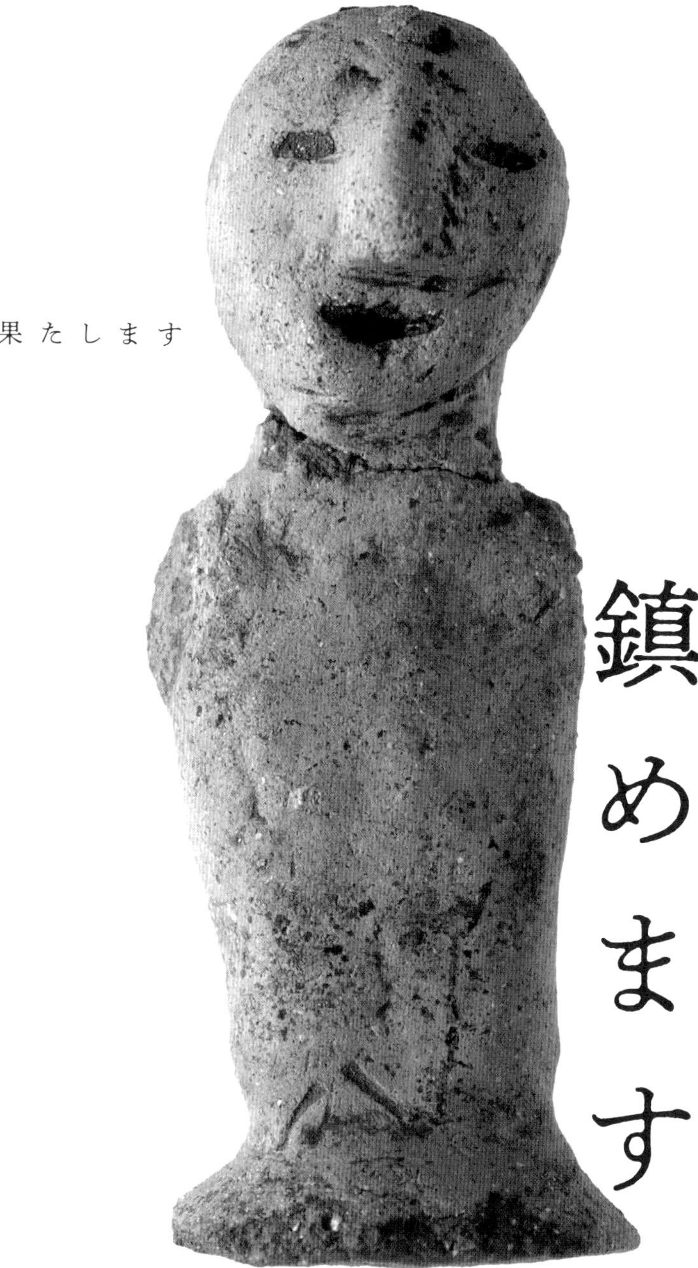

鎮めます

果たします

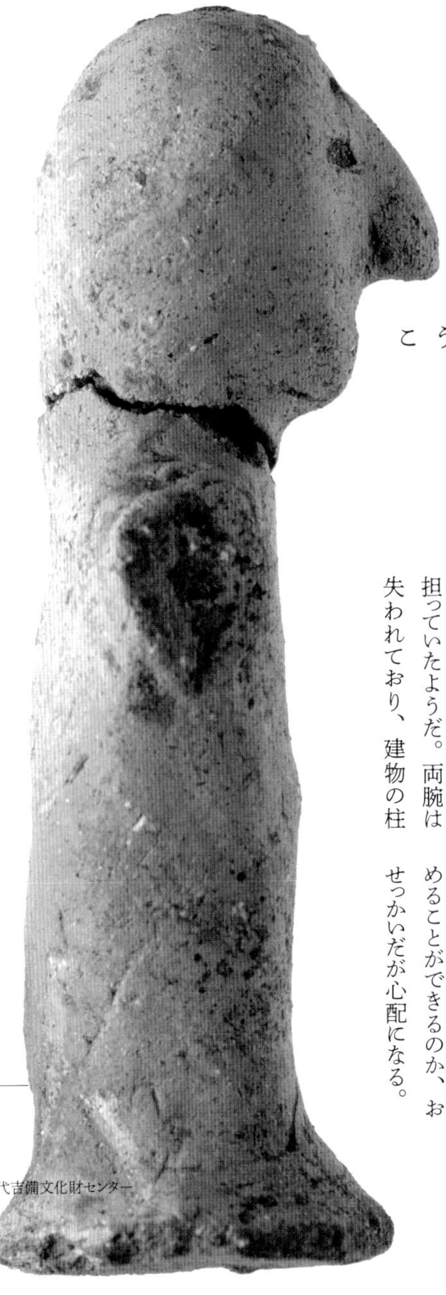

こう見えて大役

弥生時代の人形は、縄文時代の土偶たちに比べると、心なしか表情が薄い。この子も薄ら笑いを浮かべつつ、実は大切な役割を担っていたようだ。両腕は失われており、建物の柱の穴の痕から見つかった。これらのことから、地鎮行為か、何らかの祭祀のために埋められたという。こんな気弱な顔をして地を鎮めることができるのか、おせっかいだが心配になる。

人形土製品
岡山県岡山市
伊福定国前遺跡
写真提供 岡山県古代吉備文化財センター
高さ9.5センチ

ほとけさま

良いお顔をしてらっしゃる

これは仏陀なのか……。そんなわけはないが、大変素晴らしい表情をした人面付土器である。首から下の土器の部分は失われているが、後頭部に穴があることから人面付土器と判断された。顔を見てほしい。弥生時代なのに縄文が隙間なくこれでもかと施され、優しさの中に少し凄みを加えている。頭の模様も面白く、鼻筋も通って洒落たお方だ。

人面付土器
栃木県栃木市
大塚古墳群
栃木県教育委員会蔵
高さ13.7センチ

分銅ですが用途は違います

分銅違い

近世に使われた分銅の形に似ていることから、分銅形土製品といわれている。実際は重さを量るものではなく、祭祀道具だったようだが、そりゃそうだろう。こんなゆるゆるの表情をしている子をこき使うのは気が引ける。面白いことにこの遺跡から日本最古の石製の分銅が見つかっていて、思った通り、役割分担は万全だった。

分銅形土製品
大阪府八尾市
亀井遺跡
写真提供 大阪府文化財センター
高さ6.3センチ

かわいくはありません

濃い薄い

木製の人形（ひとがた）を木偶という。縄文時代は土だったのが、弥生時代には木へと素材は変わったが、人形を作りたいという気持ちを持った人はいたようだ。弥生時代中期の集落と水田地域跡から、木偶と一緒に大量の農耕具も見つかっている。祭祀具と考えられるが、この表情は頼りない。しっかりしてくれないと稲穂の実りが心配だ。

木偶
滋賀県近江八幡市
大中の湖南遺跡
滋賀県立安土城考古博物館蔵
全長55.8センチ他

どんなお酒？

井戸の底から、横たわるようにして見つかった美しい土器である。赤い顔料を使って、くるりんと描いた渦巻き模様が目をひく。かなりモダンな印象を受けるが、お祭りなどの酒宴の席で使われた土器だと考えられている。いったいどんなお酒が入れられていたのだろうか。日本酒よりも葡萄酒（ぶどうしゅ）が似合う気がするのだけれど。

オリエンタルな雰囲気ね

彩文土器
岡山県岡山市
百間川原尾島遺跡
写真提供 岡山県古代吉備文化財センター　高さ27センチ

あなた何者?

尻尾が折れてしまっているが、なんらかの動物を表現したものだと考えられている。小型犬のようにも見えるし、人の顔に見えなくもない。足には何かに押し付けた痕があり、元々は土器についていたと推測される。それは特別な土器だったのだろうか。不細工だけど愛らしい路線の土製品だが、もう少しなんとかならなかったのか。

メタボ気味な小型犬

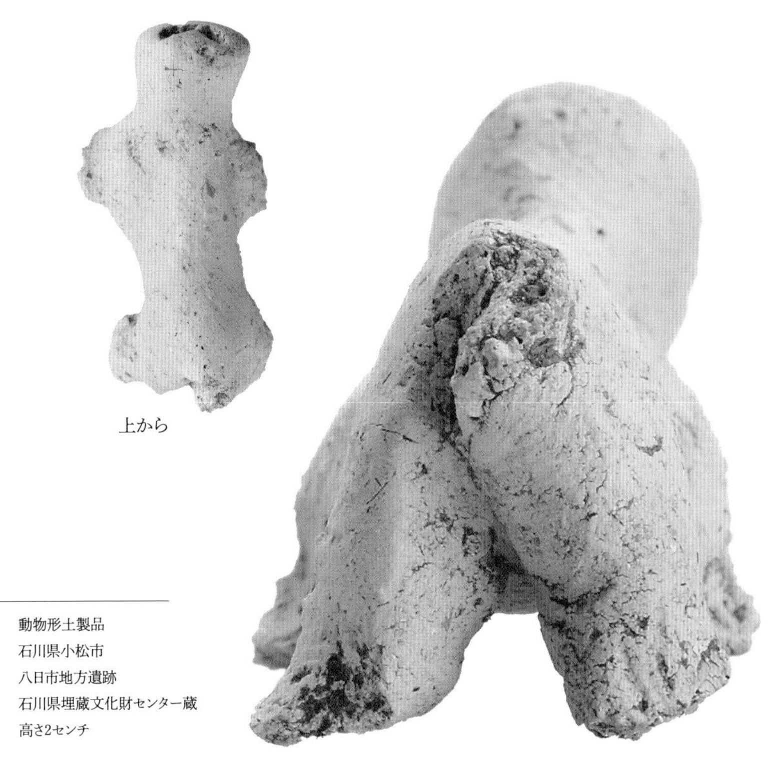

上から

動物形土製品
石川県小松市
八日市地方遺跡
石川県埋蔵文化財センター蔵
高さ2センチ

弥生時代の終わりごろ、倭国と呼ばれた列島は卑弥呼の登場によって乱世から落ち着きを取り戻し、彼女を埋葬した大型の前方後円墳が造られたことが、古墳時代の始まりといわれています（諸説あり）。

3世紀中頃から7世紀頃までを古墳時代といい、全国で16万基以上の古墳が造られたわけですが、そもそも古墳とはお墓のこと。お墓が時代の名称になっているのは世界広しといえど、日本の古墳時代しかありません。わずか350年間ではありますが、弥生時代以上に朝鮮半島をはじめとする大陸の国々と文物の交流が盛んにおこなわれた国際的な時代だったのです。
各地の有力首長たちは、支配者であるヤマト王権との関係によって築かれた安定した国内情勢を背景に、自らの威厳を示すための煌びやかな装飾品や、古墳の大きさを競い合いました。こうした土木工事や金属製品、埴輪、須恵器などを制作するための最先端技術を持った大陸の工人も多く移住してきたのがこの時代です。

その結果、懐事情は悪化。物質的な煌びやかさや古墳の大きさではなく、精神的支柱となる仏教を中心とした中央集権国家へと歩みをすすめるのです。

とりゃ！

現在のところ、日本で唯一のムササビ形の埴輪である。つぶらな瞳、若干ブタ鼻気味の表情がたまらなくキュートで、心をぎゅっとつかまれる。木から木へと滑空して飛び移る様子を表現したのだろうか。皮膜まで作られているところに作り手の意気込みを感じる。しかし、なんでムササビだったのだろう。かわいいから良いのだが、そこが気になる。

飛びます

飛びます

ムササビ形埴輪
千葉県成田市
南羽鳥正福寺1号墳
成田市教育委員会蔵
高さ22.8センチ（復元推定高）

ボラです

他にも魚はいるだろうに

お化粧後

ムササビの次は、ボラである。二つとも同じ古墳から見つかっている。他にも人物、馬形、鶏形、水鳥形（マガモなど）、鷹形埴輪などもあるらしい。どうなっているんだ、この古墳は。人物以外、まるで動物園ではないか。ちなみにこの魚形埴輪は、胸ヒレの位置が高いことや尾ヒレが中央から二つに割れていることなどから、ボラだと判定されたらしい。

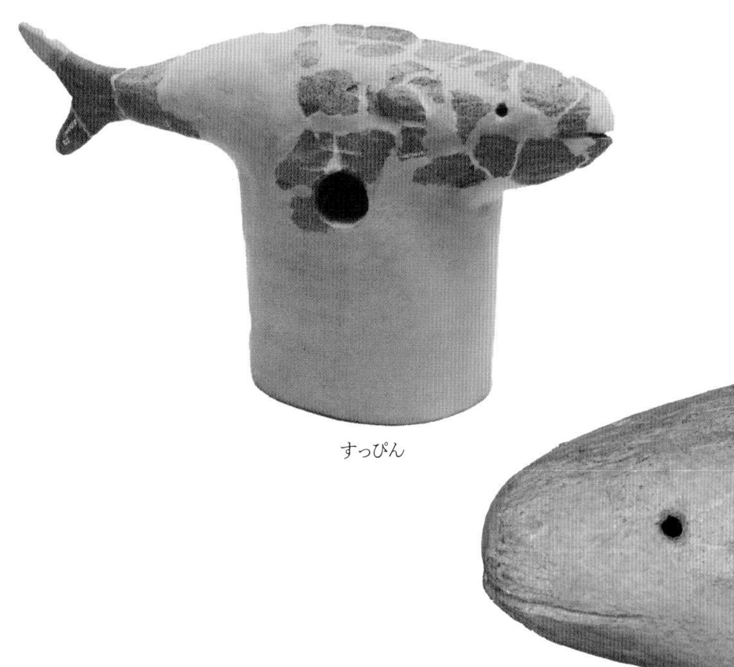

すっぴん

魚形埴輪
千葉県成田市
南羽鳥正福寺1号墳
成田市教育委員会蔵
復元全長35センチ

ひと壺で3つ楽しめます

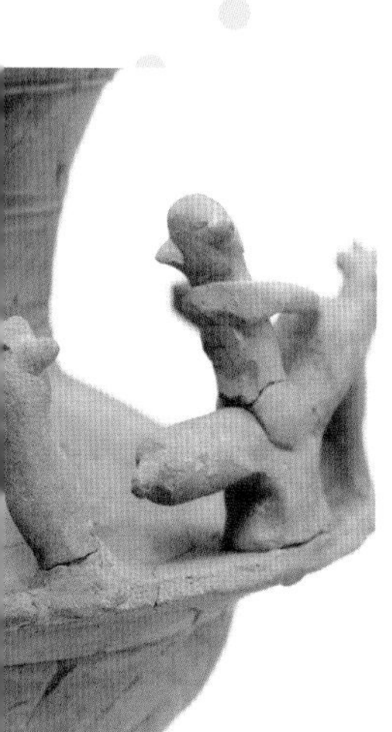

相撲

墓前祭祀具として見つかったこの須恵器には、三つの場面が立体的に造作されている。狩りの様子、見つめ合う男女、そして相撲の取組が、脱力系の人形たちによって表され、被葬者の生前の力を象徴しているのだという。ほのぼのした表情からは想像できないが、これらは自己顕示欲の表れといって良い。権力者のすることは、いつの世も誠に滑稽（こっけい）である。

狩り

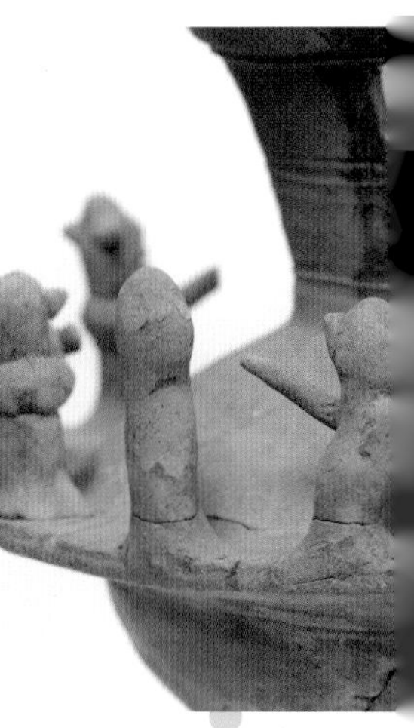

男女

人ってやつは

装飾付須恵器
(兵庫県指定文化財)
兵庫県小野市
勝手野6号墳
写真提供
兵庫県立考古博物館
高さ54.3センチ

ＯＫでーす

土器表面に施された、ニコっと笑った顔と、取って付けたような両耳にまずは目を奪われる。そして気になるのは、ウサギの耳のように土器の口縁部からぴょこっと上にのびた突起である。この突起は腕を模したもので、ご丁寧に手のひらまで作られている。つまりこの土器は、頭の上で丸をつくってＯＫサインを出しているのだ！ 土器に励まされるとはね。

凹んでも大丈夫だよ！

挙手人面土器
長野県長野市
片山遺跡
國學院大學博物館蔵
高さ20センチ

お迎えです

銀河系のあの星へ

丘陵に横穴を掘り、被葬者が眠る部屋（玄室）が作られていた。その壁に描かれていたのがこの絵である。こんな可愛らしい装飾古墳があるのかと驚いた。天井にはグルグルの渦巻き模様と、何かを捧げ持つ数人の人物。よく見ると馬の姿もある。被葬者の生前風景、葬送儀礼の様子、軍事的訓練の様子等諸説あるようだが、私には天界からのお迎え隊に見える。

装飾古墳
福島県西白河郡泉崎村
泉崎横穴
泉崎村蔵
サイズ0.6×2m

入れ墨の男

細眉で失礼します

はっきりいって、美男子である。口元にはうっすらと笑みが浮かんでいる。前髪パッツンに左右で束ねた髪をおさげのように両耳に垂らした「下げ美豆良（みずら）」（身分の高い人の髪形）。典型的な古墳男子であるが、よく見ると顔中に線で模様が描かれている。これは入れ墨だとされ、当時の人々はこのように顔に入れ墨をしていたと考えられる。習俗とはいえ、痛いだろうなあ。

埴輪
奈良県磯城郡三宅町
石見遺跡
写真提供 橿原考古学研究所附属博物館
高さ16センチ

リーゼント埴輪

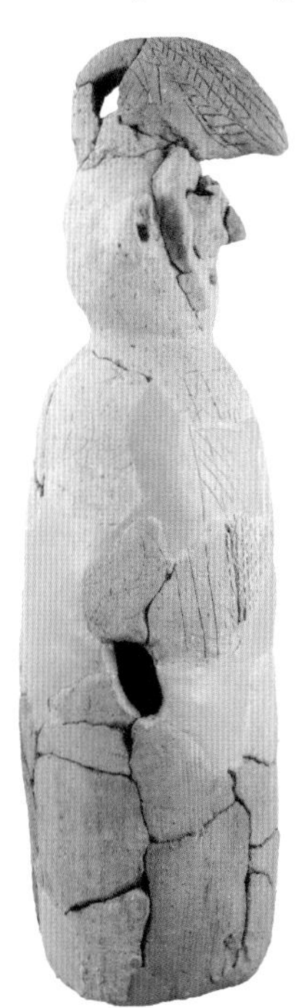

横からも堪能下さい

この写真を選んだのは苦渋の決断だった。無骨な顔のつくりも見ていただきたかった故にこの画像を選んだが、横から見ると、ロカビリー好きもビックリのリーゼント具合なのである。完全ににょーんと顔の前まで出ている。とはいえ、もちろん髪型ではない。これは冑(かぶと)である。盾持埴輪とは字のごとく、盾を持って古墳を守る役割があるとされる。

盾持ち埴輪
福岡県福岡市
拝塚古墳
福岡市埋蔵文化財センター蔵
高さ70センチ

「椅子に座る男」という名が付けられた埴輪である。身分の高い人だったのだろう。首に下がる勾玉(まがたま)や、両足首に巡らされた玉状の装飾、スカートのようにひらひらと波打つ衣服の表現の素晴らしさに驚かされる。立派な椅子にはちゃんと足置き場があり、男はそこに足を乗せ、くつろいでいるようにも見える。偉い人も、たまには息抜きも必要だ。

椅子に腰掛けて ひとやすみ

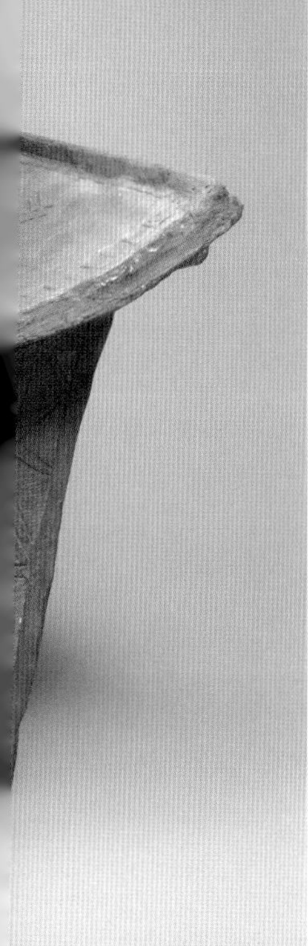

束の間の休息

埴輪
奈良県磯城郡三宅町
石見遺跡
写真提供 橿原考古学研究所附属博物館
高さ76センチ

新沢千塚古墳群は、小規模な前方後円墳、方墳、円墳など約六百基の古墳が丘陵の上に集まり、築造された。いうなれば大規模霊園である。その古墳のひとつから麗しき耳飾りが見つかった。こんな魅惑な副葬品を入れてもらえる人とは、どんな人物だったのだろう。耳元でキラキラと輝きながら揺れるたびに、その人に注目が集ったに違いない。

揺れる物に人は弱いとか

金製垂飾付耳飾
奈良県橿原市
新沢千塚古墳群109号墳
写真提供 橿原考古学研究所附属博物館
長さ11センチ

ひやー

奈落の底に落ちそうです

弥生時代から古墳時代にかけて作られたお墓に、方形周溝墓がある。方形の周りに浅い溝を巡らせて墓域を区切り、その内側に埋葬した。この土器は、溝の底から見つかっている。胴部にはシカ、犬、切妻高床(きりつまたかゆか)建物など連続する絵画が描かれているが、何と言っても面白いのは口縁部に描かれたバンザイ状態の人物である。土器に吸い込まれる寸前！

絵画土器
岐阜県大垣市
東町田墳墓群
大垣市教育委員会蔵
高さ24.8センチ

大きくなあれ

言葉が出ないとはこのことである。必死におっぱいに吸い付く赤子とその身体をそっと支える母。なんだ、この慈母愛に溢れる埴輪は！ 母の顔と、両腕、首回りと赤子の頭がベンガラで赤く塗られている。赤子が赤く塗られているということは、産まれたてなのだろうか。埴輪は被葬者の副葬品だが、こんなに愛溢れる物があるなんて、奥が深い。

しがみつく
手が堪らない

乳飲み児を抱く埴輪
茨城県ひたちなか市
大平古墳群
ひたちなか市埋蔵文化財調査センター蔵
高さ28センチ

おどかさないでよ

見返りの鹿、といわれる埴輪である。近くでカサッと物音がしたのだろう。思わず耳を立て、首を伸ばして振り向いた瞬間をとらえたものだと言われている。非常に緊張感みなぎる表情になってしまう。とはいえ、なんでこの場面を埴輪にする必要があったのだろうか。のほほんとした普通の鹿ではダメだったのか。かわいいけれど謎が多い。

見返りの鹿埴輪
島根県松江市
平所遺跡埴輪窯跡
写真提供 島根県立八雲立つ風土記の丘
高さ93.5センチ

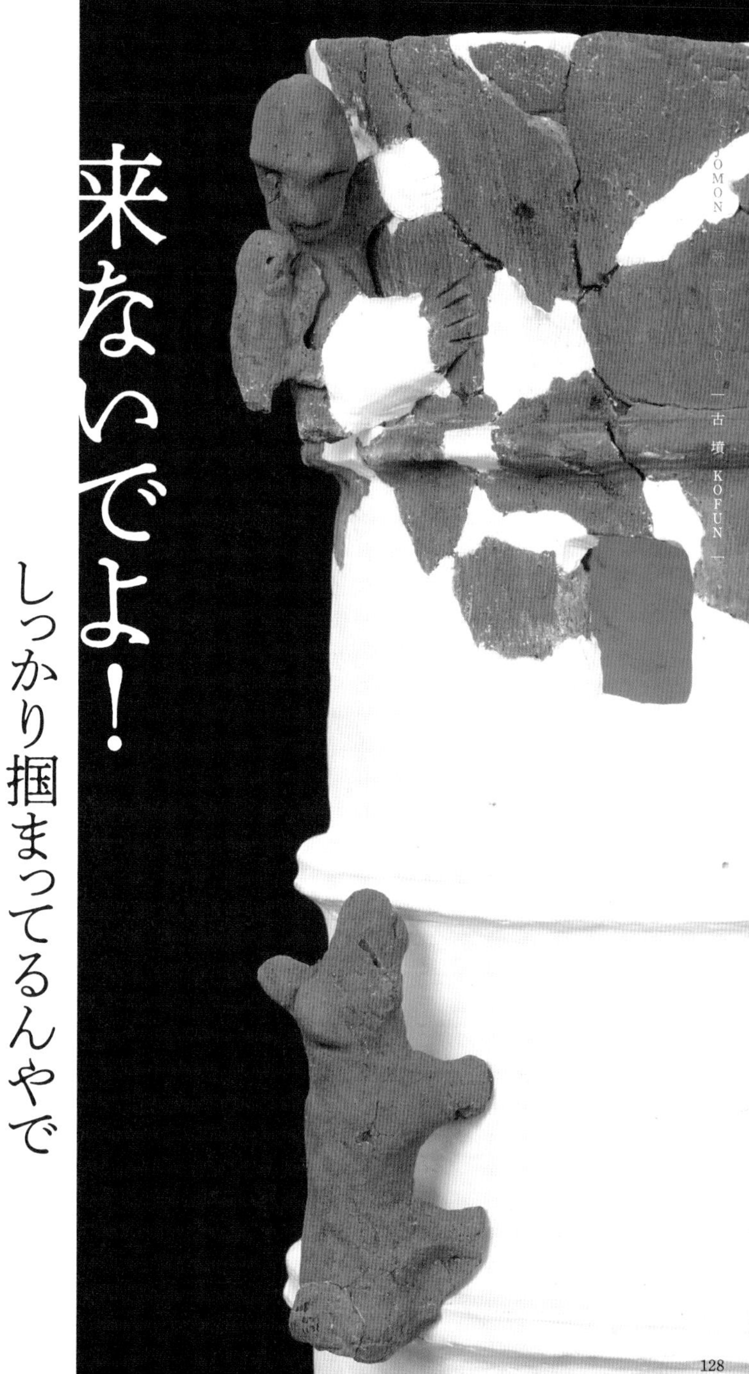

来ないでよ！

しっかり掴まってるんやで

振り落されないよう必死に親の背中にしがみつく子猿。追ってくる犬になぜか微笑みかける親猿。そして笑いながら追う犬。なんだ？　この円筒埴輪は。復元部分が多いものの、このような埴輪だと判断された理由は、出土状況と使われている土や焼け具合が非常に似ていたからだという。犬猿の仲などという言葉もあるが、こんな仲良しの犬猿もある。

犬猿円筒埴輪
群馬県前橋市
後二子古墳
前橋市教育委員会蔵
復元高さ52センチ

ロケット発射

これに乗って天界へ

円筒形に作られた素焼きの棺（ひつぎ）である。六世紀後半から七世紀中頃に作られた十六基ある横穴墓群のひとつから見つかった。横穴墓とは字のごとく、崖や斜面に横穴を開け、そこに埋葬するお墓のことを言う。ご丁寧に半円形の蓋も作られ、外れないように固定するための紐穴もある。被葬者には申し訳ないが、この棺、私には男根にしか見えない。

円筒形陶棺
奈良県奈良市
赤田横穴墓群9号墓
奈良市教育委員会蔵
高さ85.1センチ

不思議なお棺

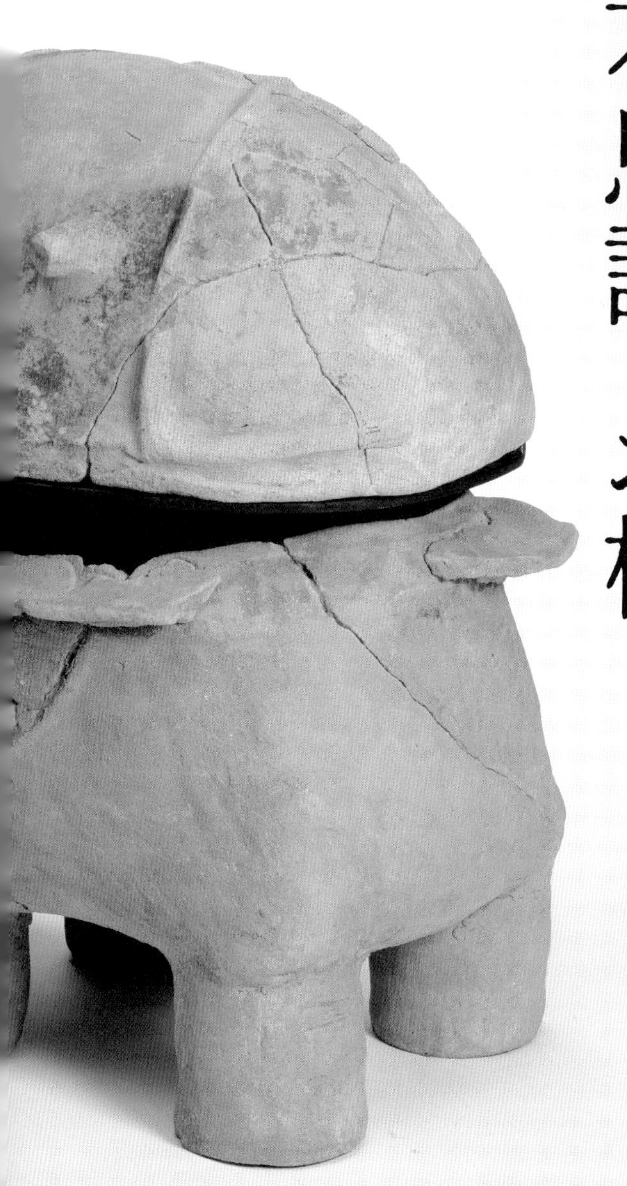

円筒形陶棺と同じ墓から見つかった陶棺である。亀甲形陶棺といい、底に足がついている。これは八本足だが、もっとびっしり足があるものもある。甲羅の部分と被葬者を寝かす部分は別々に焼かれているそうだ。ところでこの足。高貴な方を敬うための表現なのかもしれないが、こんなに多くなくていいんじゃない？

亀甲型陶棺
奈良県奈良市
赤田横穴墓群9号墓
奈良市教育委員会蔵
長さ117センチ

足がうじゃうじゃしてます

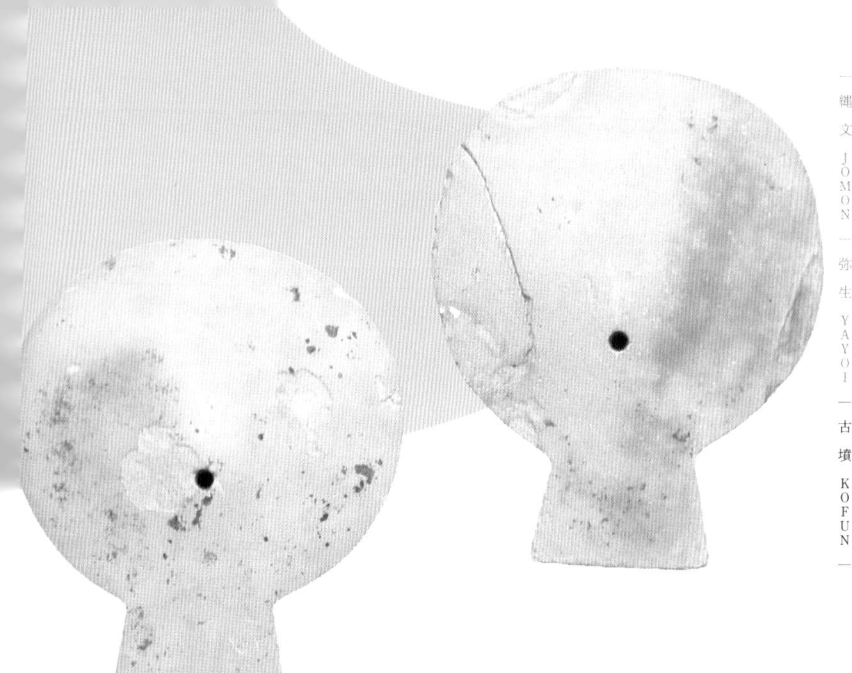

最新トレンド

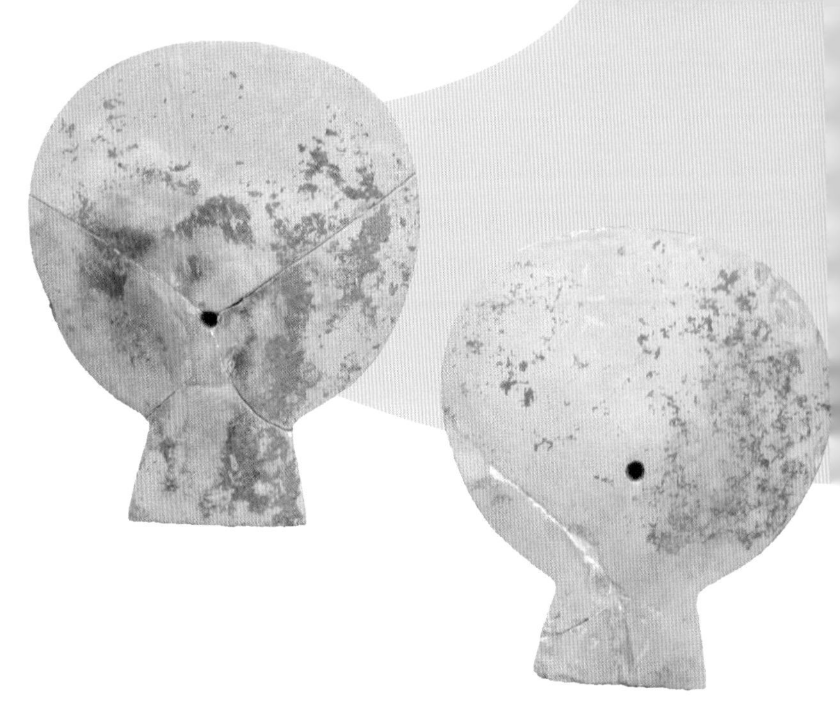

大振りアクセサリーは必須

石で作られた帆立て貝である。被葬者が眠る石棺の中から見つかった。なんともかわいらしい副葬品ではないか。中央付近に三ミリほどの穴があることから、何らかの方法でぶら下げていたようだ。きっとアクセサリーの類いだろう。例えば額にくくり付けたり、胸元に下げたり。とはいえ疑問は残る。なんで帆立て貝だったの？

帆立貝形石製品
静岡県静岡市
三池平古墳
静岡市教育委員会蔵
長さ6.5センチ他

草をハムハム

日がな一日草を食べたいよ

円墳から鶏形埴輪などと一緒に見つかった。角を持つ雄鹿の埴輪である。雄なのに、この柔和な表情はどうだろう。目元も口も少し垂れ下がり、見ている私の目元も垂れ下がってしまう。鹿といえば細い脚をしているが、この子の脚は逞（たくま）しい。大地を踏みしめる姿は、顔に似合わず凛々（りり）しくもある。赤く塗られた痕がチャーミング。

鹿埴輪
鳥取県倉吉市
向山142号墳
倉吉博物館蔵
復元高55センチ

本来は足の部分もあるが、装飾部を見ていただくために、この画像を掲載した。壺の肩の部分に、小さな壺を三つ置いて区画を作り、その中にそれぞれ違う装飾を施している。手前に見えているのは馬に乗った人物が犬と一緒に鹿を追い、矢を放つ場面。この画像では見えないが、相撲の取り組みの場面も。葬送用の祭祀具という。

やあ！そこの鹿、待てー！

狩り

狩りと相撲と

全形

装飾子持壺付装飾器台
鳥取県倉吉市
野口1号墳
倉吉博物館蔵
高さ49.5センチ

相撲

親亀子亀

カマドとコシキでご挨拶

おままごとセットですか?と突っ込みたくなる一品である。四十五基の古墳が集まる古墳群のうち、十一基から副葬品としてミニチュア炊飯具形土器が見つかった。ひとつとして同じものはないとか。中でもこのセット、とてもかわいい。カマドの把手(とって)がバンザイをしているように見える。その上、親子亀のセットに見えて仕方ない。

ミニチュア炊飯具形土器
滋賀県大津市
穴太飼込3号墳
滋賀県立安土城考古博物館蔵
高さ15.1センチ

聞こえたぞよ

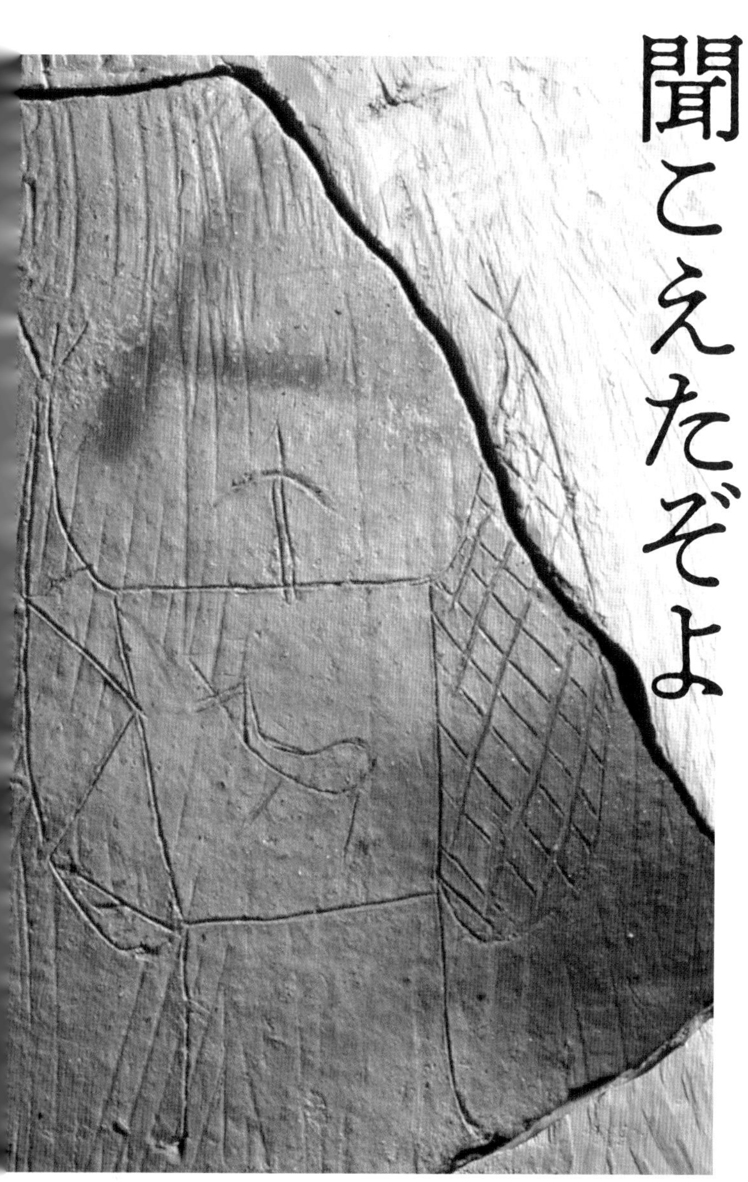

豊作だと神は告げたぞ

くちばしを取り付けたかぶり物を顔につけ、翼のような袖を天高くあげながら神の言葉を伝える巫女(みこ)が描かれた土器の破片である。巫女の前にひざまずくのは男女一対の首長か、巫女を補佐する従者という。弥生時代、鳥は魂を運び、導く生き物だとされた。自らが鳥になった巫女に、神のどんな声が聞こえたのか、非常に気になる。

絵画土器(破片)
奈良県天理市
清水風遺跡
橿原考古学研究所
附属博物館蔵
縦15センチ

通用します

見惚れてしまう土器である。溝の中から完全な形で見つかった。表面にはさまざまに組み合わせた模様を施し、静かな面持ちながら見応え十分である。弥生時代の土器はシンプルなものも多いが、端正なたたずまいの中に緻密にデザインされたものもあるから驚いてしまう。底の部分のデザインも洒落ていて、今の暮らしにもぴったりな逸品。

現代作家の作品みたい

水差形土器
奈良県橿原市
新沢一遺跡
橿原考古学研究所附属博物館蔵
高さ22センチ

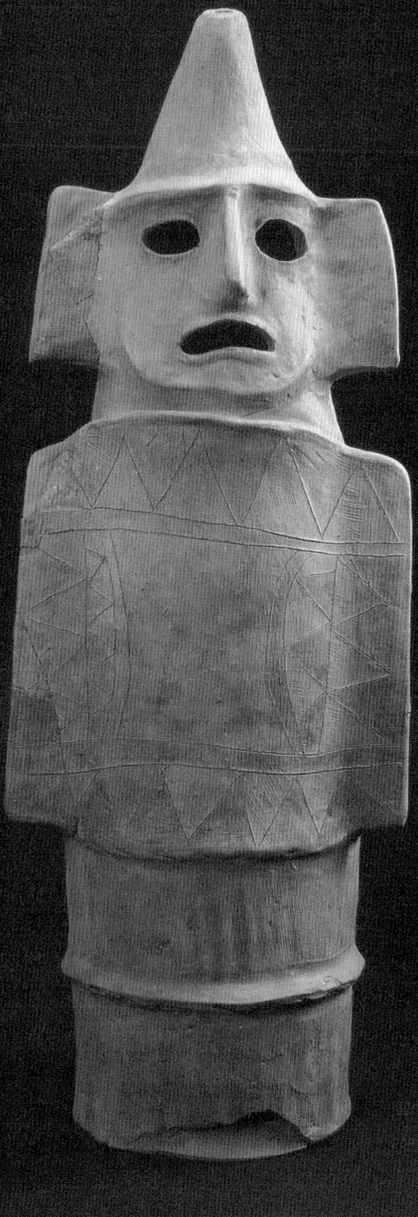

困り顔？

への字に少しゆがんだ口と、大きく見開いた目が、特徴的である。身体の前に盾を構えたこの埴輪は、古墳の外周に並べられ、墓を守っていたという。作り手は、墓守をする大変さを知っていたのだろう。長く続く時間を思い、はじめから困り気味の顔にしたのかもしれない。盾には魔よけの三角形模様が入れられ、赤く塗られている。

お役目結構大変です

盾持ち人埴輪
群馬県高崎市
八幡塚古墳
写真提供
かみつけの里博物館
高さ86センチ

すーいすーい

対馬海峡泳いできたの

スッポンをかたどった金銅製の馬の飾り金具である。この両手両足の気持ち良さそうなことったらない。ご機嫌である。頭には目やご丁寧に首のシワまで彫り込む手の込みよう。甲羅の渦巻き模様もオシャレでカッコいい。馬にこんなカッコいい飾り金具付けてたのかと驚くが、それだけ馬の所有者にとって大切な存在であり、威厳を示す効果もあったのだろう。

金銅製亀形飾金具
(重要文化財)
長崎県笹塚古墳
長崎県壱岐市蔵
長さ7.6センチ

この卵形よ

美しい卵形の胴部から、すっと伸びた首の儚(はかな)さがたまらない。銅製の水瓶で、古代インドの土器に由来しているという。当初は銅色に輝いていたのだろうが、古墳の副葬品として長い年月置かれたうちに、今の色となった。年月が作り出した美しさに、ため息が漏(も)れる。蓋は落下しないようピンセット状の落下止めも施され、実用的にも考えられた逸品。

美しいだけじゃ
ないんです

銅水瓶
群馬県高崎市
綿貫観音山古墳
文化庁蔵
群馬県立歴史博物館保管
高31.3センチ

朝は来る

立派な鶏冠とピンっと立った尾っぽ。鼻の穴にも何かエネルギーが満ちているような鶏の埴輪である。胴部には丁寧に羽まで描かれている。鶏は闇夜が明けるのを告げる鳥から意味が転じ、死者を再生させる儀式で使われていたとも考えられている。どんな日々でも明けない夜はない。苦しいことがあったら、どうかこの埴輪を思い出して欲しい。

鳴き声と共に輝かしい日を

鶏形埴輪
群馬県渋川市
浅田3号墳
渋川市教育委員会蔵
高さ28センチ

おわりに

縄文時代、弥生時代、古墳時代と駆け足で「かわいい」遺物を見ていただきました。と言っても、わたしが「かわいい」と思うものを選んでいますから、好みが偏っていることは否めません。しかしながらこうして通して見ることで、朧げながら時代の特徴というものが伝わったのではないかと思います。

これらのものには違いもあるけれど共通しているものがあります。

それは「かわいさ」と「ユーモア」。

自然に命を預けて生きていく縄文時代を経て、食料を生産することが可能になった弥生時代。代償として争いや貧富の差が生まれ、その社会が発展した形で倭と呼ばれた古墳時代は、東アジアの中で交渉と駆け引きを繰り返しながら列島の人々は生きてきました。どの時代も食糧不足の不安は尽きず、外的要因に翻弄されながら生きざるを得ないのに、彼らが作り出したものは「かわいさ」と「ユーモア」に溢れているのです。

いや、本人たちはそこを狙った訳ではないのでしょう。心の思うままに、当時の流行を取り入れたり、古墳時代にはクライアントからの依頼で作ったものもあったでしょう。理由はさまざま考えられますが、そこに宿っているのは作り手の柔らかく逞しい魂のような気がします。

生きていくのに厳しい時代だからこそ、身につけたり使ったり、ただ眺めているだけで気持ちがほぐれるような伸びやかなものを、逆にその存在がそばにあるだけで、凛と背筋が伸びるような美しいものを敢えて作っていたのではないか。そんな気がしてなりません。
人が作り出すものは、いつの時代も作り手の精神を反映し、そしてそれは使う人の心にも作用します。
そう思うとき、ものがもつエネルギーの偉大さを感じずにはいられません。無機質で、永遠に存在することもなく、いつかは壊れて滅びゆくもの。しかしそこに掛けられた作り手のエネルギーは確実にものに転写され、使い手や鑑賞者に伝播し、その人の中で永遠に生きることができる。
たかがもの、されどもの。
人々が文字を使い、自分の気持ちを現すことができなかった時代だからこそ、ものに対して純粋にエネルギーを掛けることができたのかもしれないし、文字で残っていないからこそ、私たちは彼らが作ったものに対して、心の赴くままに鑑賞し、感じ、受け入れることができるのかもしれない。ここに紹介した遺物たちを眺めながらそんなことを思います。

何かお気に入りのものは見つかりましたか。
みなさんの暮らしの中に、私たちの先祖が作り出した品々が発する、かわいさとユーモアが溶け込んでいくのならば、これほど嬉しいことはありません。

令和三年六月吉日

譽田亜紀子

謝　辞

この本を刊行するにあたり、たくさんの方々のご協力を賜りました。
この場で御礼を申しあげます。

愛知県埋蔵文化財センター
青森県立郷土館
壱岐市教育委員会
石川県埋蔵文化財センター
泉崎村教育委員会
一関市博物館
恵庭市郷土資料館
江別市郷土資料館
大垣市教育委員会
大阪府文化財センター
大阪府立弥生文化博物館
大湯ストーンサークル館
岡山県古代吉備文化財センター
鹿児島県歴史・美術センター黎明館
鹿角市教育委員会
かみつけの里博物館
木古内町教育委員会
北相木村教育委員会
倉吉博物館
群馬県立歴史博物館
國學院大學博物館
小松市埋蔵文化財センター

埼玉県教育委員会
滋賀県立安土城考古博物館
静岡市教育委員会
渋川市教育委員会
島根県立八雲立つ風土記の丘
高畠町教育委員会
伊達市教育委員会
長者ヶ原考古館
十日町市博物館
東京大学総合研究博物館
栃木県教育委員会
鳥取県とっとり弥生の王国推進課
奈良県立橿原考古学研究所附属博物館
奈良市教育委員会
成田市教育委員会
八戸市埋蔵文化財センター是川縄文館
ひたちなか市埋蔵文化財調査センター
兵庫県立考古博物館
弘前市立博物館
福岡市埋蔵文化財センター
福島市文化振興課
文化庁
前橋市教育委員会
森町教育委員会
八雲町郷土資料館
山形県立うきたむ風土記の丘考古資料館
横浜市歴史博物館
与謝野町教育委員会

（敬称略・五十音順）

本書は二〇一七年五月から二〇一八年九月まで、中日新聞・東京新聞の毎水曜日夕刊にて連載された「かわいい古代」六十七編に加筆・修正をし、四編の新しい原稿を加えたものである。

プロフィール
譽田亜紀子（こんだあきこ）
文筆家。岐阜県生まれ。京都女子大学卒業。奈良県橿原市の観音寺本馬遺跡の土偶との出会いをきっかけに、各地の博物館・遺跡を訪ね歩き、

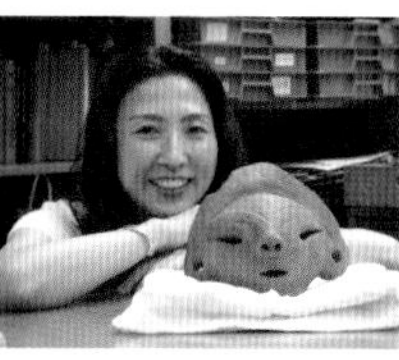

土偶、そして縄文時代の研究を重ねている。現在はテレビ、ラジオ、トークイベントなどを通して、土偶や縄文時代の魅力を発信する活動も行っている。東京新聞・中日新聞隔週水曜日夕刊に『譽田亜紀子の古代のぞき見』、雑誌『ひととき』にて「こんだあきこのドキドキ遺跡旅」不定期連載中。著書に『はじめての土偶』（世界文化社）、『ときめく縄文図鑑』（山と溪谷社）、『縄文のヒミツ』（小学館）、『知られざる弥生ライフ』（誠文堂新光社）などがある。

かわいい古代

発行日：令和三年七月二八日 初版発行
著　者：譽田亜紀子
発行人：久保田佳也
発　行：カルチュア・コンビニエンス・クラブ株式会社
光村推古書院書籍編集部
発　売：光村推古書院株式会社
〒六〇四-八〇〇六 京都市中京区河原町通
三条上ル下丸屋町四〇七-二
電話：〇七五-二五一-二八八八
FAX：〇七五-二五一-二八八一
印刷所：株式会社シナノパブリッシングプレス
ISBN978-4-8381-0614-1

装丁・デザイン：後藤理央（沢村デザイン研究所）
企画・編集：上野昌人